中华人民共和国国家安全法
中华人民共和国反间谍法
中华人民共和国国家情报法
中华人民共和国保守国家秘密法
中华人民共和国保守国家秘密法实施条例
国家安全机关行政执法程序规定
国家安全机关办理刑事案件程序规定

大字本

中国法制出版社

目　　录

中华人民共和国国家安全法 …………………………（1）

中华人民共和国反间谍法 ……………………………（21）

中华人民共和国国家情报法 …………………………（43）

中华人民共和国保守国家秘密法 ……………………（51）

中华人民共和国保守国家秘密法实施条例 …………（73）

国家安全机关行政执法程序规定 …………………（104）

国家安全机关办理刑事案件程序规定 ……………（156）

中华人民共和国国家安全法

（2015年7月1日第十二届全国人民代表大会常务委员会第十五次会议通过 2015年7月1日中华人民共和国主席令第29号公布 自公布之日起施行）

目 录

第一章 总 则

第二章 维护国家安全的任务

第三章 维护国家安全的职责

第四章 国家安全制度

　第一节 一般规定

　第二节 情报信息

　第三节 风险预防、评估和预警

　第四节 审查监管

　第五节 危机管控

第五章　国家安全保障

第六章　公民、组织的义务和权利

第七章　附　　则

第一章　总　　则

第一条　为了维护国家安全,保卫人民民主专政的政权和中国特色社会主义制度,保护人民的根本利益,保障改革开放和社会主义现代化建设的顺利进行,实现中华民族伟大复兴,根据宪法,制定本法。

第二条　国家安全是指国家政权、主权、统一和领土完整、人民福祉、经济社会可持续发展和国家其他重大利益相对处于没有危险和不受内外威胁的状态,以及保障持续安全状态的能力。

第三条　国家安全工作应当坚持总体国家安全观,以人民安全为宗旨,以政治安全为根本,以经济安全为基础,以军事、文化、社会安全为保障,以促进国际安全为依托,维护各领域国家安全,构建国家安全体系,走中国特色国家安全道路。

第四条　坚持中国共产党对国家安全工作的领导,建立集中统一、高效权威的国家安全领导体制。

第五条　中央国家安全领导机构负责国家安全工作的决策和议事协调，研究制定、指导实施国家安全战略和有关重大方针政策，统筹协调国家安全重大事项和重要工作，推动国家安全法治建设。

第六条　国家制定并不断完善国家安全战略，全面评估国际、国内安全形势，明确国家安全战略的指导方针、中长期目标、重点领域的国家安全政策、工作任务和措施。

第七条　维护国家安全，应当遵守宪法和法律，坚持社会主义法治原则，尊重和保障人权，依法保护公民的权利和自由。

第八条　维护国家安全，应当与经济社会发展相协调。

国家安全工作应当统筹内部安全和外部安全、国土安全和国民安全、传统安全和非传统安全、自身安全和共同安全。

第九条　维护国家安全，应当坚持预防为主、标本兼治，专门工作与群众路线相结合，充分发挥专门机关和其他有关机关维护国家安全的职能作用，广泛动员公民和组织，防范、制止和依法惩治危害国家安全的行为。

第十条　维护国家安全，应当坚持互信、互利、平等、协作，积极同外国政府和国际组织开展安全交流合作，履行国际安全义务，促进共同安全，维护世界和平。

第十一条　中华人民共和国公民、一切国家机关和武装力量、各政党和各人民团体、企业事业组织和其他社会组织，都有维护国家安全的责任和义务。

中国的主权和领土完整不容侵犯和分割。维护国家主权、统一和领土完整是包括港澳同胞和台湾同胞在内的全中国人民的共同义务。

第十二条　国家对在维护国家安全工作中作出突出贡献的个人和组织给予表彰和奖励。

第十三条　国家机关工作人员在国家安全工作和涉及国家安全活动中，滥用职权、玩忽职守、徇私舞弊的，依法追究法律责任。

任何个人和组织违反本法和有关法律，不履行维护国家安全义务或者从事危害国家安全活动的，依法追究法律责任。

第十四条　每年 4 月 15 日为全民国家安全教育日。

第二章　维护国家安全的任务

第十五条　国家坚持中国共产党的领导，维护中国特色社会主义制度，发展社会主义民主政治，健全社会主义法治，强化权力运行制约和监督机制，保障人民当家作主的各项权利。

国家防范、制止和依法惩治任何叛国、分裂国家、煽动叛乱、颠覆或者煽动颠覆人民民主专政政权的行为；防范、制止和依法惩治窃取、泄露国家秘密等危害国家安全的行为；防范、制止和依法惩治境外势力的渗透、破坏、颠覆、分裂活动。

第十六条　国家维护和发展最广大人民的根本利益，保卫人民安全，创造良好生存发展条件和安定工作生活环境，保障公民的生命财产安全和其他合法权益。

第十七条　国家加强边防、海防和空防建设，采取一切必要的防卫和管控措施，保卫领陆、内水、领海和领空安全，维护国家领土主权和海洋权益。

第十八条　国家加强武装力量革命化、现代化、正规化建设，建设与保卫国家安全和发展利益需要相适应的武装力量；实施积极防御军事战略方针，防备和抵御侵略，制止武装颠覆和分裂；开展国际军事安全合作，实施联合国维和、国际救援、海上护航和维护国家海外利益的军事行动，维护国家主权、安全、领土完整、发展利益和世界和平。

第十九条 国家维护国家基本经济制度和社会主义市场经济秩序，健全预防和化解经济安全风险的制度机制，保障关系国民经济命脉的重要行业和关键领域、重点产业、重大基础设施和重大建设项目以及其他重大经济利益安全。

第二十条 国家健全金融宏观审慎管理和金融风险防范、处置机制，加强金融基础设施和基础能力建设，防范和化解系统性、区域性金融风险，防范和抵御外部金融风险的冲击。

第二十一条 国家合理利用和保护资源能源，有效管控战略资源能源的开发，加强战略资源能源储备，完善资源能源运输战略通道建设和安全保护措施，加强国际资源能源合作，全面提升应急保障能力，保障经济社会发展所需的资源能源持续、可靠和有效供给。

第二十二条 国家健全粮食安全保障体系，保护和提高粮食综合生产能力，完善粮食储备制度、流通体系和市场调控机制，健全粮食安全预警制度，保障粮食供给和质量安全。

第二十三条 国家坚持社会主义先进文化前进方向，继承和弘扬中华民族优秀传统文化，培育和践行社会主义核心价值观，防范和抵制不良文化的影响，掌握意识形态领域主导权，增强文化整体实力和竞争力。

第二十四条 国家加强自主创新能力建设，加快发展自主可控的战略高新技术和重要领域核心关键技术，加强知识产权的运用、保护和科技保密能力建设，保障重大技术和工程的安全。

第二十五条 国家建设网络与信息安全保障体系，提升网络与信息安全保护能力，加强网络和信息技术的创新研究和开发应用，实现网络和信息核心技术、关键基础设施和重要领域信息系统及数据的安全可控；加强网络管理，防范、制止和依法惩治网络攻击、网络入侵、网络窃密、散布违法有害信息等网络违法犯罪行为，维护国家网络空间主权、安全和发展利益。

第二十六条 国家坚持和完善民族区域自治制度，巩固和发展平等团结互助和谐的社会主义民族关系。坚持各民族一律平等，加强民族交往、交流、交融，防范、制止和依法惩治民族分裂活动，维护国家统一、民族团结和社会和谐，实现各民族共同团结奋斗、共同繁荣发展。

第二十七条 国家依法保护公民宗教信仰自由和正常宗教活动，坚持宗教独立自主自办的原则，防范、制止和依法惩治利用宗教名义进行危害国家安全的违法犯罪活动，反对境外势力干涉境内宗教事务，维护正常宗教活动秩序。

国家依法取缔邪教组织，防范、制止和依法惩治邪教违法犯罪活动。

第二十八条 国家反对一切形式的恐怖主义和极端主义，加强防范和处置恐怖主义的能力建设，依法开展情报、调查、防范、处置以及资金监管等工作，依法取缔恐怖活动组织和严厉惩治暴力恐怖活动。

第二十九条 国家健全有效预防和化解社会矛盾的体制机制，健全公共安全体系，积极预防、减少和化解社会矛盾，妥善处置公共卫生、社会安全等影响国家安全和社会稳定的突发事件，促进社会和谐，维护公共安全和社会安定。

第三十条 国家完善生态环境保护制度体系，加大生态建设和环境保护力度，划定生态保护红线，强化生态风险的预警和防控，妥善处置突发环境事件，保障人民赖以生存发展的大气、水、土壤等自然环境和条件不受威胁和破坏，促进人与自然和谐发展。

第三十一条 国家坚持和平利用核能和核技术，加强国际合作，防止核扩散，完善防扩散机制，加强对核设施、核材料、核活动和核废料处置的安全管理、监管和保护，加强核事故应急体系和应急能力建设，防止、控制和消除核事故对公民生命健康和生态环境的危害，不断增强有效应对和防范核威胁、核攻击的能力。

第三十二条 国家坚持和平探索和利用外层空间、国际海底区域和极地，增强安全进出、科学考察、开发利用的能力，加强国际合作，维护我国在外层空间、国际海底区域和极地的活动、资产和其他利益的安全。

第三十三条 国家依法采取必要措施，保护海外中国公民、组织和机构的安全和正当权益，保护国家的海外利益不受威胁和侵害。

第三十四条 国家根据经济社会发展和国家发展利益的需要，不断完善维护国家安全的任务。

第三章　维护国家安全的职责

第三十五条　全国人民代表大会依照宪法规定，决定战争和和平的问题，行使宪法规定的涉及国家安全的其他职权。

全国人民代表大会常务委员会依照宪法规定，决定战争状态的宣布，决定全国总动员或者局部动员，决定全国或者个别省、自治区、直辖市进入紧急状态，行使宪法规定的和全国人民代表大会授予的涉及国家安全的其他职权。

第三十六条　中华人民共和国主席根据全国人民代表大会的决定和全国人民代表大会常务委员会的决定，宣布进入紧急状态，宣布战争状态，发布动员令，行使宪法规定的涉及国家安全的其他职权。

第三十七条　国务院根据宪法和法律，制定涉及国家安全的行政法规，规定有关行政措施，发布有关决定和命令；实施国家安全法律法规和政策；依照法律规定决定省、自治区、直辖市的范围内部分地区进入紧急状态；行使宪法法律规定的和全国人民代表大会及其常务委员会授予的涉及国家安全的其他职权。

第三十八条　中央军事委员会领导全国武装力量，决定军事战略和武装力量的作战方针，统一指挥维护国家安全的军事行动，制定涉及国家安全的军事法规，发布有关决定和命令。

第三十九条　中央国家机关各部门按照职责分工，贯彻执行国家安全方针政策和法律法规，管理指导本系统、本领域国家安全工作。

第四十条　地方各级人民代表大会和县级以上地方各级人民代表大会常务委员会在本行政区域内，保证国家安全法律法规的遵守和执行。

地方各级人民政府依照法律法规规定管理本行政区域内的国家安全工作。

香港特别行政区、澳门特别行政区应当履行维护国家安全的责任。

第四十一条　人民法院依照法律规定行使审判权，人民检察院依照法律规定行使检察权，惩治危害国家安全的犯罪。

第四十二条　国家安全机关、公安机关依法搜集涉及国家安全的情报信息，在国家安全工作中依法行使侦查、拘留、预审和执行逮捕以及法律规定的其他职权。

有关军事机关在国家安全工作中依法行使相关职权。

第四十三条 国家机关及其工作人员在履行职责时，应当贯彻维护国家安全的原则。

国家机关及其工作人员在国家安全工作和涉及国家安全活动中，应当严格依法履行职责，不得超越职权、滥用职权，不得侵犯个人和组织的合法权益。

第四章　国家安全制度

第一节　一般规定

第四十四条 中央国家安全领导机构实行统分结合、协调高效的国家安全制度与工作机制。

第四十五条 国家建立国家安全重点领域工作协调机制，统筹协调中央有关职能部门推进相关工作。

第四十六条 国家建立国家安全工作督促检查和责任追究机制，确保国家安全战略和重大部署贯彻落实。

第四十七条 各部门、各地区应当采取有效措施，贯彻实施国家安全战略。

第四十八条 国家根据维护国家安全工作需要，

建立跨部门会商工作机制，就维护国家安全工作的重大事项进行会商研判，提出意见和建议。

第四十九条　国家建立中央与地方之间、部门之间、军地之间以及地区之间关于国家安全的协同联动机制。

第五十条　国家建立国家安全决策咨询机制，组织专家和有关方面开展对国家安全形势的分析研判，推进国家安全的科学决策。

第二节　情报信息

第五十一条　国家健全统一归口、反应灵敏、准确高效、运转顺畅的情报信息收集、研判和使用制度，建立情报信息工作协调机制，实现情报信息的及时收集、准确研判、有效使用和共享。

第五十二条　国家安全机关、公安机关、有关军事机关根据职责分工，依法搜集涉及国家安全的情报信息。

国家机关各部门在履行职责过程中，对于获取的涉及国家安全的有关信息应当及时上报。

第五十三条　开展情报信息工作，应当充分运用现代科学技术手段，加强对情报信息的鉴别、筛选、综合和研判分析。

第五十四条 情报信息的报送应当及时、准确、客观，不得迟报、漏报、瞒报和谎报。

第三节 风险预防、评估和预警

第五十五条 国家制定完善应对各领域国家安全风险预案。

第五十六条 国家建立国家安全风险评估机制，定期开展各领域国家安全风险调查评估。

有关部门应当定期向中央国家安全领导机构提交国家安全风险评估报告。

第五十七条 国家健全国家安全风险监测预警制度，根据国家安全风险程度，及时发布相应风险预警。

第五十八条 对可能即将发生或者已经发生的危害国家安全的事件，县级以上地方人民政府及其有关主管部门应当立即按照规定向上一级人民政府及其有关主管部门报告，必要时可以越级上报。

第四节 审查监管

第五十九条 国家建立国家安全审查和监管的制度和机制，对影响或者可能影响国家安全的外商投资、特定物项和关键技术、网络信息技术产品和服务、涉及国家安全事项的建设项目，以及其他重大事项和活动，进行国家安全审查，有效预防和化解国家安全风险。

第六十条　中央国家机关各部门依照法律、行政法规行使国家安全审查职责，依法作出国家安全审查决定或者提出安全审查意见并监督执行。

第六十一条　省、自治区、直辖市依法负责本行政区域内有关国家安全审查和监管工作。

第五节　危机管控

第六十二条　国家建立统一领导、协同联动、有序高效的国家安全危机管控制度。

第六十三条　发生危及国家安全的重大事件，中央有关部门和有关地方根据中央国家安全领导机构的统一部署，依法启动应急预案，采取管控处置措施。

第六十四条　发生危及国家安全的特别重大事件，需要进入紧急状态、战争状态或者进行全国总动员、局部动员的，由全国人民代表大会、全国人民代表大会常务委员会或者国务院依照宪法和有关法律规定的权限和程序决定。

第六十五条　国家决定进入紧急状态、战争状态或者实施国防动员后，履行国家安全危机管控职责的有关机关依照法律规定或者全国人民代表大会常务委员会规定，有权采取限制公民和组织权利、增加公民和组织义务的特别措施。

第六十六条 履行国家安全危机管控职责的有关机关依法采取处置国家安全危机的管控措施，应当与国家安全危机可能造成的危害的性质、程度和范围相适应；有多种措施可供选择的，应当选择有利于最大程度保护公民、组织权益的措施。

第六十七条 国家健全国家安全危机的信息报告和发布机制。

国家安全危机事件发生后，履行国家安全危机管控职责的有关机关，应当按照规定准确、及时报告，并依法将有关国家安全危机事件发生、发展、管控处置及善后情况统一向社会发布。

第六十八条 国家安全威胁和危害得到控制或者消除后，应当及时解除管控处置措施，做好善后工作。

第五章　国家安全保障

第六十九条 国家健全国家安全保障体系，增强维护国家安全的能力。

第七十条 国家健全国家安全法律制度体系，推动国家安全法治建设。

第七十一条 国家加大对国家安全各项建设的投入，保障国家安全工作所需经费和装备。

第七十二条 承担国家安全战略物资储备任务的单位，应当按照国家有关规定和标准对国家安全物资进行收储、保管和维护，定期调整更换，保证储备物资的使用效能和安全。

第七十三条 鼓励国家安全领域科技创新，发挥科技在维护国家安全中的作用。

第七十四条 国家采取必要措施，招录、培养和管理国家安全工作专门人才和特殊人才。

根据维护国家安全工作的需要，国家依法保护有关机关专门从事国家安全工作人员的身份和合法权益，加大人身保护和安置保障力度。

第七十五条 国家安全机关、公安机关、有关军事机关开展国家安全专门工作，可以依法采取必要手段和方式，有关部门和地方应当在职责范围内提供支持和配合。

第七十六条 国家加强国家安全新闻宣传和舆论

引导，通过多种形式开展国家安全宣传教育活动，将国家安全教育纳入国民教育体系和公务员教育培训体系，增强全民国家安全意识。

第六章　公民、组织的义务和权利

第七十七条　公民和组织应当履行下列维护国家安全的义务：

（一）遵守宪法、法律法规关于国家安全的有关规定；

（二）及时报告危害国家安全活动的线索；

（三）如实提供所知悉的涉及危害国家安全活动的证据；

（四）为国家安全工作提供便利条件或者其他协助；

（五）向国家安全机关、公安机关和有关军事机关提供必要的支持和协助；

（六）保守所知悉的国家秘密；

（七）法律、行政法规规定的其他义务。

任何个人和组织不得有危害国家安全的行为，不得向危害国家安全的个人或者组织提供任何资助或者协助。

第七十八条　机关、人民团体、企业事业组织和其他社会组织应当对本单位的人员进行维护国家安全的教育，动员、组织本单位的人员防范、制止危害国家安全的行为。

第七十九条　企业事业组织根据国家安全工作的要求，应当配合有关部门采取相关安全措施。

第八十条　公民和组织支持、协助国家安全工作的行为受法律保护。

因支持、协助国家安全工作，本人或者其近亲属的人身安全面临危险的，可以向公安机关、国家安全机关请求予以保护。公安机关、国家安全机关应当会同有关部门依法采取保护措施。

第八十一条　公民和组织因支持、协助国家安全工作导致财产损失的，按照国家有关规定给予补偿；造成人身伤害或者死亡的，按照国家有关规定给予抚恤优待。

第八十二条　公民和组织对国家安全工作有向国家机关提出批评建议的权利，对国家机关及其工作人员在国家安全工作中的违法失职行为有提出申诉、控告和检举的权利。

第八十三条　在国家安全工作中，需要采取限制公民权利和自由的特别措施时,应当依法进行,并以维护国家安全的实际需要为限度。

第七章　附　　则

第八十四条　本法自公布之日起施行。

中华人民共和国反间谍法

（2014年11月1日第十二届全国人民代表大会常务委员会第十一次会议通过 2023年4月26日第十四届全国人民代表大会常务委员会第二次会议修订 2023年4月26日中华人民共和国主席令第4号公布 自2023年7月1日起施行）

目 录

第一章 总　　则

第二章 安全防范

第三章 调查处置

第四章 保障与监督

第五章 法律责任

第六章 附　　则

第一章　总　　则

第一条　为了加强反间谍工作,防范、制止和惩治间谍行为,维护国家安全,保护人民利益,根据宪法,制定本法。

第二条　反间谍工作坚持党中央集中统一领导,坚持总体国家安全观,坚持公开工作与秘密工作相结合、专门工作与群众路线相结合,坚持积极防御、依法惩治、标本兼治,筑牢国家安全人民防线。

第三条　反间谍工作应当依法进行,尊重和保障人权,保障个人和组织的合法权益。

第四条　本法所称间谍行为,是指下列行为:

(一)间谍组织及其代理人实施或者指使、资助他人实施,或者境内外机构、组织、个人与其相勾结实施的危害中华人民共和国国家安全的活动;

(二)参加间谍组织或者接受间谍组织及其代理人的任务,或者投靠间谍组织及其代理人;

(三)间谍组织及其代理人以外的其他境外机构、组织、个人实施或者指使、资助他人实施,或者境内机构、组织、个人与其相勾结实施的窃取、刺探、收买、非法提供国家秘密、情报以及其他关系国家安全和利益的文件、数据、资料、物品,或者策动、引诱、胁迫、收买国家工作人员叛变的活动;

(四)间谍组织及其代理人实施或者指使、资助他人实施,或者境内外机构、组织、个人与其相勾结实施针对国家机关、涉密单位或者关键信息基础设施等的网络攻击、侵入、干扰、控制、破坏等活动;

(五)为敌人指示攻击目标;

(六)进行其他间谍活动。

间谍组织及其代理人在中华人民共和国领域内,或者利用中华人民共和国的公民、组织或者其他条件,从事针对第三国的间谍活动,危害中华人民共和国国家安全的,适用本法。

第五条 国家建立反间谍工作协调机制,统筹协调反间谍工作中的重大事项,研究、解决反间谍工作中的重大问题。

第六条 国家安全机关是反间谍工作的主管机关。

公安、保密等有关部门和军队有关部门按照职责分工,密切配合,加强协调,依法做好有关工作。

第七条 中华人民共和国公民有维护国家的安全、荣誉和利益的义务,不得有危害国家的安全、荣誉和利益的行为。

一切国家机关和武装力量、各政党和各人民团体、企业事业组织和其他社会组织,都有防范、制止间谍行为,维护国家安全的义务。

国家安全机关在反间谍工作中必须依靠人民的支持,动员、组织人民防范、制止间谍行为。

第八条 任何公民和组织都应当依法支持、协助反间谍工作,保守所知悉的国家秘密和反间谍工作秘密。

第九条 国家对支持、协助反间谍工作的个人和组织给予保护。

对举报间谍行为或者在反间谍工作中做出重大贡献的个人和组织,按照国家有关规定给予表彰和奖励。

第十条 境外机构、组织、个人实施或者指使、资助他人实施的,或者境内机构、组织、个人与境外机构、组织、个人相勾结实施的危害中华人民共和国国家安全的间谍行为,都必须受到法律追究。

第十一条 国家安全机关及其工作人员在工作中,应当严格依法办事,不得超越职权、滥用职权,不得侵犯个人和组织的合法权益。

国家安全机关及其工作人员依法履行反间谍工作

职责获取的个人和组织的信息，只能用于反间谍工作。对属于国家秘密、工作秘密、商业秘密和个人隐私、个人信息的，应当保密。

第二章　安 全 防 范

第十二条　国家机关、人民团体、企业事业组织和其他社会组织承担本单位反间谍安全防范工作的主体责任，落实反间谍安全防范措施，对本单位的人员进行维护国家安全的教育，动员、组织本单位的人员防范、制止间谍行为。

地方各级人民政府、相关行业主管部门按照职责分工，管理本行政区域、本行业有关反间谍安全防范工作。

国家安全机关依法协调指导、监督检查反间谍安全防范工作。

第十三条　各级人民政府和有关部门应当组织开展反间谍安全防范宣传教育，将反间谍安全防范知识纳入教育、培训、普法宣传内容，增强全民反间谍安全防范意识和国家安全素养。

新闻、广播、电视、文化、互联网信息服务等单位，应当面向社会有针对性地开展反间谍宣传教育。

国家安全机关应当根据反间谍安全防范形势，指导有关单位开展反间谍宣传教育活动，提高防范意识和能力。

第十四条　任何个人和组织都不得非法获取、持有属于国家秘密的文件、数据、资料、物品。

第十五条　任何个人和组织都不得非法生产、销售、持有、使用间谍活动特殊需要的专用间谍器材。专用间谍器材由国务院国家安全主管部门依照国家有关规定确认。

第十六条　任何公民和组织发现间谍行为，应当及时向国家安全机关举报；向公安机关等其他国家机关、组织举报的，相关国家机关、组织应当立即移送国家安全机关处理。

国家安全机关应当将受理举报的电话、信箱、网络平台等向社会公开，依法及时处理举报信息，并为举报人保密。

第十七条　国家建立反间谍安全防范重点单位管理制度。

反间谍安全防范重点单位应当建立反间谍安全防范工作制度，履行反间谍安全防范工作要求，明确内设职能部门和人员承担反间谍安全防范职责。

第十八条　反间谍安全防范重点单位应当加强对工作人员反间谍安全防范的教育和管理，对离岗离职人员脱密期内履行反间谍安全防范义务的情况进行监督检查。

第十九条　反间谍安全防范重点单位应当加强对涉密事项、场所、载体等的日常安全防范管理，采取隔离加固、封闭管理、设置警戒等反间谍物理防范措施。

第二十条　反间谍安全防范重点单位应当按照反间谍技术防范的要求和标准，采取相应的技术措施和其他必要措施，加强对要害部门部位、网络设施、信息系统的反间谍技术防范。

第二十一条　在重要国家机关、国防军工单位和其他重要涉密单位以及重要军事设施的周边安全控制区域内新建、改建、扩建建设项目的，由国家安全机关实施涉及国家安全事项的建设项目许可。

县级以上地方各级人民政府编制国民经济和社会发展规划、国土空间规划等有关规划，应当充分考虑国家安全因素和划定的安全控制区域，征求国家安全机关的意见。

安全控制区域的划定应当统筹发展和安全,坚持科学合理、确有必要的原则,由国家安全机关会同发展改革、自然资源、住房城乡建设、保密、国防科技工业等部门以及军队有关部门共同划定,报省、自治区、直辖市人民政府批准并动态调整。

涉及国家安全事项的建设项目许可的具体实施办法,由国务院国家安全主管部门会同有关部门制定。

第二十二条 国家安全机关根据反间谍工作需要,可以会同有关部门制定反间谍技术防范标准,指导有关单位落实反间谍技术防范措施,对存在隐患的单位,经过严格的批准手续,可以进行反间谍技术防范检查和检测。

第三章 调 查 处 置

第二十三条 国家安全机关在反间谍工作中依法行使本法和有关法律规定的职权。

第二十四条 国家安全机关工作人员依法执行反间谍工作任务时,依照规定出示工作证件,可以查验中国公民或者境外人员的身份证明,向有关个人和组织问询有关情况,对身份不明、有间谍行为嫌疑的人员，可以查看其随带物品。

第二十五条　国家安全机关工作人员依法执行反间谍工作任务时，经设区的市级以上国家安全机关负责人批准，出示工作证件，可以查验有关个人和组织的电子设备、设施及有关程序、工具。查验中发现存在危害国家安全情形的，国家安全机关应当责令其采取措施立即整改。拒绝整改或者整改后仍存在危害国家安全隐患的，可以予以查封、扣押。

对依照前款规定查封、扣押的电子设备、设施及有关程序、工具，在危害国家安全的情形消除后，国家安全机关应当及时解除查封、扣押。

第二十六条　国家安全机关工作人员依法执行反间谍工作任务时，根据国家有关规定，经设区的市级以上国家安全机关负责人批准，可以查阅、调取有关的文件、数据、资料、物品，有关个人和组织应当予以配合。查阅、调取不得超出执行反间谍工作任务所需的范围和限度。

第二十七条　需要传唤违反本法的人员接受调查的，经国家安全机关办案部门负责人批准，使用传唤证传唤。对现场发现的违反本法的人员，国家安全机关工作人员依照规定出示工作证件，可以口头传唤，但应当在询问笔录中注明。传唤的原因和依据应当告知被传唤人。对无正当理由拒不接受传唤或者逃避传唤的人，可以强制传唤。

国家安全机关应当在被传唤人所在市、县内的指定地点或者其住所进行询问。

国家安全机关对被传唤人应当及时询问查证。询问查证的时间不得超过八小时；情况复杂，可能适用行政拘留或者涉嫌犯罪的，询问查证的时间不得超过二十四小时。国家安全机关应当为被传唤人提供必要的饮食和休息时间。严禁连续传唤。

除无法通知或者可能妨碍调查的情形以外，国家安全机关应当及时将传唤的原因通知被传唤人家属。在上述情形消失后，应当立即通知被传唤人家属。

第二十八条 国家安全机关调查间谍行为，经设区的市级以上国家安全机关负责人批准，可以依法对涉嫌间谍行为的人身、物品、场所进行检查。

检查女性身体的，应当由女性工作人员进行。

第二十九条 国家安全机关调查间谍行为，经设区的市级以上国家安全机关负责人批准，可以查询涉嫌间谍行为人员的相关财产信息。

第三十条 国家安全机关调查间谍行为，经设区的市级以上国家安全机关负责人批准，可以对涉嫌用于间谍行为的场所、设施或者财物依法查封、扣押、冻结；不得查封、扣押、冻结与被调查的间谍行为无关的场所、设施或者财物。

第三十一条　国家安全机关工作人员在反间谍工作中采取查阅、调取、传唤、检查、查询、查封、扣押、冻结等措施，应当由二人以上进行，依照有关规定出示工作证件及相关法律文书，并由相关人员在有关笔录等书面材料上签名、盖章。

国家安全机关工作人员进行检查、查封、扣押等重要取证工作，应当对全过程进行录音录像，留存备查。

第三十二条　在国家安全机关调查了解有关间谍行为的情况、收集有关证据时，有关个人和组织应当如实提供，不得拒绝。

第三十三条　对出境后可能对国家安全造成危害，或者对国家利益造成重大损失的中国公民，国务院国家安全主管部门可以决定其在一定期限内不准出境，并通知移民管理机构。

对涉嫌间谍行为人员，省级以上国家安全机关可以通知移民管理机构不准其出境。

第三十四条　对入境后可能进行危害中华人民共和国国家安全活动的境外人员，国务院国家安全主管部门可以通知移民管理机构不准其入境。

第三十五条　对国家安全机关通知不准出境或者不准入境的人员，移民管理机构应当按照国家有关规定执行；不准出境、入境情形消失的，国家安全机关应当及时撤销不准出境、入境决定，并通知移民管理机构。

第三十六条　国家安全机关发现涉及间谍行为的网络信息内容或者网络攻击等风险，应当依照《中华人民共和国网络安全法》规定的职责分工，及时通报有关部门，由其依法处置或者责令电信业务经营者、互联网服务提供者及时采取修复漏洞、加固网络防护、停止传输、消除程序和内容、暂停相关服务、下架相关应用、关闭相关网站等措施，保存相关记录。情况紧急，不立即采取措施将对国家安全造成严重危害的，由国家安全机关责令有关单位修复漏洞、停止相关传输、暂停相关服务，并通报有关部门。

经采取相关措施，上述信息内容或者风险已经消除的，国家安全机关和有关部门应当及时作出恢复相关传输和服务的决定。

第三十七条　国家安全机关因反间谍工作需要，根据国家有关规定，经过严格的批准手续，可以采取技术侦察措施和身份保护措施。

第三十八条　对违反本法规定，涉嫌犯罪，需要对有关事项是否属于国家秘密或者情报进行鉴定以及需要对危害后果进行评估的，由国家保密部门或者省、自治区、直辖市保密部门按照程序在一定期限内进行鉴定和组织评估。

第三十九条　国家安全机关经调查，发现间谍行为涉嫌犯罪的，应当依照《中华人民共和国刑事诉讼法》的规定立案侦查。

第四章　保障与监督

第四十条　国家安全机关工作人员依法履行职责，受法律保护。

第四十一条　国家安全机关依法调查间谍行为，邮政、快递等物流运营单位和电信业务经营者、互联网服务提供者应当提供必要的支持和协助。

第四十二条　国家安全机关工作人员因执行紧急任务需要，经出示工作证件，享有优先乘坐公共交通工具、优先通行等通行便利。

第四十三条 国家安全机关工作人员依法执行任务时，依照规定出示工作证件，可以进入有关场所、单位；根据国家有关规定，经过批准，出示工作证件，可以进入限制进入的有关地区、场所、单位。

第四十四条 国家安全机关因反间谍工作需要，根据国家有关规定，可以优先使用或者依法征用国家机关、人民团体、企业事业组织和其他社会组织以及个人的交通工具、通信工具、场地和建筑物等，必要时可以设置相关工作场所和设施设备，任务完成后应当及时归还或者恢复原状，并依照规定支付相应费用；造成损失的，应当给予补偿。

第四十五条 国家安全机关因反间谍工作需要，根据国家有关规定，可以提请海关、移民管理等检查机关对有关人员提供通关便利，对有关资料、器材等予以免检。有关检查机关应当依法予以协助。

第四十六条 国家安全机关工作人员因执行任务，或者个人因协助执行反间谍工作任务，本人或者其近亲属的人身安全受到威胁时，国家安全机关应当会同有关部门依法采取必要措施，予以保护、营救。

个人因支持、协助反间谍工作，本人或者其近亲属的人身安全面临危险的，可以向国家安全机关请求予以保护。国家安全机关应当会同有关部门依法采取保护措施。

个人和组织因支持、协助反间谍工作导致财产损失的，根据国家有关规定给予补偿。

第四十七条　对为反间谍工作做出贡献并需要安置的人员，国家给予妥善安置。

公安、民政、财政、卫生健康、教育、人力资源和社会保障、退役军人事务、医疗保障、移民管理等有关部门以及国有企业事业单位应当协助国家安全机关做好安置工作。

第四十八条　对因开展反间谍工作或者支持、协助反间谍工作导致伤残或者牺牲、死亡的人员，根据国家有关规定给予相应的抚恤优待。

第四十九条　国家鼓励反间谍领域科技创新，发挥科技在反间谍工作中的作用。

第五十条　国家安全机关应当加强反间谍专业力量人才队伍建设和专业训练，提升反间谍工作能力。

对国家安全机关工作人员应当有计划地进行政治、理论和业务培训。培训应当坚持理论联系实际、按需施教、讲求实效，提高专业能力。

第五十一条　国家安全机关应当严格执行内部监督和安全审查制度，对其工作人员遵守法律和纪律等情况进行监督，并依法采取必要措施，定期或者不定期进行安全审查。

第五十二条　任何个人和组织对国家安全机关及其工作人员超越职权、滥用职权和其他违法行为，都有权向上级国家安全机关或者监察机关、人民检察院等有关部门检举、控告。受理检举、控告的国家安全机关或者监察机关、人民检察院等有关部门应当及时查清事实，依法处理，并将处理结果及时告知检举人、控告人。

对支持、协助国家安全机关工作或者依法检举、控告的个人和组织，任何个人和组织不得压制和打击报复。

第五章　法律责任

第五十三条　实施间谍行为，构成犯罪的，依法追究刑事责任。

第五十四条　个人实施间谍行为，尚不构成犯罪的，由国家安全机关予以警告或者处十五日以下行政拘留，单处或者并处五万元以下罚款，违法所得在五万元以上的，单处或者并处违法所得一倍以上五倍以下罚款，并可以由有关部门依法予以处分。

明知他人实施间谍行为，为其提供信息、资金、物资、劳务、技术、场所等支持、协助，或者窝藏、包庇，尚不构成犯罪的，依照前款的规定处罚。

单位有前两款行为的，由国家安全机关予以警告，单处或者并处五十万元以下罚款，违法所得在五十万元以上的，单处或者并处违法所得一倍以上五倍以下罚款，并对直接负责的主管人员和其他直接责任人员，依照第一款的规定处罚。

国家安全机关根据相关单位、人员违法情节和后果，可以建议有关主管部门依法责令停止从事相关业务、提供相关服务或者责令停产停业、吊销有关证照、撤销登记。有关主管部门应当将作出行政处理的情况及时反馈国家安全机关。

第五十五条 实施间谍行为，有自首或者立功表现的，可以从轻、减轻或者免除处罚；有重大立功表现的，给予奖励。

在境外受胁迫或者受诱骗参加间谍组织、敌对组织，从事危害中华人民共和国国家安全的活动，及时向中华人民共和国驻外机构如实说明情况,或者入境后直接或者通过所在单位及时向国家安全机关如实说明情况,并有悔改表现的,可以不予追究。

第五十六条 国家机关、人民团体、企业事业组织和其他社会组织未按照本法规定履行反间谍安全防范义务的,国家安全机关可以责令改正;未按照要求改正的,国家安全机关可以约谈相关负责人,必要时可以将约谈情况通报该单位上级主管部门;产生危害后果或者不良影响的,国家安全机关可以予以警告、通报批评;情节严重的,对负有责任的领导人员和直接责任人员,由有关部门依法予以处分。

第五十七条 违反本法第二十一条规定新建、改建、扩建建设项目的,由国家安全机关责令改正,予以警告;拒不改正或者情节严重的,责令停止建设或者使用、暂扣或者吊销许可证件,或者建议有关主管部门依法予以处理。

第五十八条 违反本法第四十一条规定的,由国家安全机关责令改正,予以警告或者通报批评;拒不改正或者情节严重的,由有关主管部门依照相关法律法规予以处罚。

第五十九条 违反本法规定,拒不配合数据调取的，由国家安全机关依照《中华人民共和国数据安全法》的有关规定予以处罚。

第六十条 违反本法规定，有下列行为之一，构成犯罪的，依法追究刑事责任；尚不构成犯罪的，由国家安全机关予以警告或者处十日以下行政拘留，可以并处三万元以下罚款：

（一）泄露有关反间谍工作的国家秘密；

（二）明知他人有间谍犯罪行为，在国家安全机关向其调查有关情况、收集有关证据时，拒绝提供；

（三）故意阻碍国家安全机关依法执行任务；

（四）隐藏、转移、变卖、损毁国家安全机关依法查封、扣押、冻结的财物；

（五）明知是间谍行为的涉案财物而窝藏、转移、收购、代为销售或者以其他方法掩饰、隐瞒；

（六）对依法支持、协助国家安全机关工作的个人和组织进行打击报复。

第六十一条 非法获取、持有属于国家秘密的文件、数据、资料、物品，以及非法生产、销售、持有、使用专用间谍器材，尚不构成犯罪的，由国家安全机关予以警告或者处十日以下行政拘留。

第六十二条 国家安全机关对依照本法查封、扣押、冻结的财物，应当妥善保管，并按照下列情形分别处理：

（一）涉嫌犯罪的，依照《中华人民共和国刑事诉讼法》等有关法律的规定处理；

（二）尚不构成犯罪，有违法事实的，对依法应当没收的予以没收，依法应当销毁的予以销毁；

（三）没有违法事实的，或者与案件无关的，应当解除查封、扣押、冻结，并及时返还相关财物；造成损失的，应当依法予以赔偿。

第六十三条　涉案财物符合下列情形之一的，应当依法予以追缴、没收，或者采取措施消除隐患：

（一）违法所得的财物及其孳息、收益，供实施间谍行为所用的本人财物；

（二）非法获取、持有的属于国家秘密的文件、数据、资料、物品；

（三）非法生产、销售、持有、使用的专用间谍器材。

第六十四条　行为人及其近亲属或者其他相关人员，因行为人实施间谍行为从间谍组织及其代理人获取的所有利益，由国家安全机关依法采取追缴、没收等措施。

第六十五条　国家安全机关依法收缴的罚款以及没收的财物，一律上缴国库。

第六十六条　境外人员违反本法的，国务院国家安全主管部门可以决定限期出境，并决定其不准入境的期限。未在规定期限内离境的，可以遣送出境。

对违反本法的境外人员，国务院国家安全主管部门决定驱逐出境的，自被驱逐出境之日起十年内不准入境，国务院国家安全主管部门的处罚决定为最终决定。

第六十七条　国家安全机关作出行政处罚决定之前，应当告知当事人拟作出的行政处罚内容及事实、理由、依据，以及当事人依法享有的陈述、申辩、要求听证等权利，并依照《中华人民共和国行政处罚法》的有关规定实施。

第六十八条　当事人对行政处罚决定、行政强制措施决定、行政许可决定不服的，可以自收到决定书之日起六十日内，依法申请复议；对复议决定不服的，可以自收到复议决定书之日起十五日内，依法向人民法院提起诉讼。

第六十九条　国家安全机关工作人员滥用职权、玩忽职守、徇私舞弊，或者有非法拘禁、刑讯逼供、暴力取证、违反规定泄露国家秘密、工作秘密、商业秘密和个人隐私、个人信息等行为，依法予以处分，构成犯罪的，依法追究刑事责任。

第六章　附　　则

第七十条　国家安全机关依照法律、行政法规和国家有关规定，履行防范、制止和惩治间谍行为以外的危害国家安全行为的职责，适用本法的有关规定。

公安机关在依法履行职责过程中发现、惩治危害国家安全的行为，适用本法的有关规定。

第七十一条　本法自2023年7月1日起施行。

中华人民共和国国家情报法

（2017年6月27日第十二届全国人民代表大会常务委员会第二十八次会议通过　根据2018年4月27日第十三届全国人民代表大会常务委员会第二次会议《关于修改〈中华人民共和国国境卫生检疫法〉等六部法律的决定》修正）

目　录

第一章　总　　则

第二章　国家情报工作机构职权

第三章　国家情报工作保障

第四章　法律责任

第五章　附　　则

第一章 总　　则

第一条　为了加强和保障国家情报工作，维护国家安全和利益，根据宪法，制定本法。

第二条　国家情报工作坚持总体国家安全观，为国家重大决策提供情报参考，为防范和化解危害国家安全的风险提供情报支持，维护国家政权、主权、统一和领土完整、人民福祉、经济社会可持续发展和国家其他重大利益。

第三条　国家建立健全集中统一、分工协作、科学高效的国家情报体制。

中央国家安全领导机构对国家情报工作实行统一领导，制定国家情报工作方针政策，规划国家情报工作整体发展，建立健全国家情报工作协调机制，统筹协调各领域国家情报工作，研究决定国家情报工作中的重大事项。

中央军事委员会统一领导和组织军队情报工作。

第四条　国家情报工作坚持公开工作与秘密工作相结合、专门工作与群众路线相结合、分工负责与协作配合相结合的原则。

第五条　国家安全机关和公安机关情报机构、军队情报机构（以下统称国家情报工作机构）按照职责分工，相互配合，做好情报工作、开展情报行动。

各有关国家机关应当根据各自职能和任务分工，与国家情报工作机构密切配合。

第六条　国家情报工作机构及其工作人员应当忠于国家和人民，遵守宪法和法律，忠于职守，纪律严明，清正廉洁，无私奉献，坚决维护国家安全和利益。

第七条　任何组织和公民都应当依法支持、协助和配合国家情报工作，保守所知悉的国家情报工作秘密。

国家对支持、协助和配合国家情报工作的个人和组织给予保护。

第八条　国家情报工作应当依法进行，尊重和保障人权，维护个人和组织的合法权益。

第九条　国家对在国家情报工作中作出重大贡献的个人和组织给予表彰和奖励。

第二章　国家情报工作机构职权

第十条　国家情报工作机构根据工作需要，依法使用必要的方式、手段和渠道，在境内外开展情报工作。

第十一条 国家情报工作机构应当依法搜集和处理境外机构、组织、个人实施或者指使、资助他人实施的，或者境内外机构、组织、个人相勾结实施的危害中华人民共和国国家安全和利益行为的相关情报，为防范、制止和惩治上述行为提供情报依据或者参考。

第十二条 国家情报工作机构可以按照国家有关规定，与有关个人和组织建立合作关系，委托开展相关工作。

第十三条 国家情报工作机构可以按照国家有关规定，开展对外交流与合作。

第十四条 国家情报工作机构依法开展情报工作，可以要求有关机关、组织和公民提供必要的支持、协助和配合。

第十五条 国家情报工作机构根据工作需要，按照国家有关规定，经过严格的批准手续，可以采取技术侦察措施和身份保护措施。

第十六条 国家情报工作机构工作人员依法执行任务时，按照国家有关规定，经过批准，出示相应证件，可以进入限制进入的有关区域、场所，可以向有关机关、组织和个人了解、询问有关情况，可以查阅或者调取有关的档案、资料、物品。

第十七条 国家情报工作机构工作人员因执行紧急任务需要，经出示相应证件，可以享受通行便利。

国家情报工作机构工作人员根据工作需要，按照国家有关规定，可以优先使用或者依法征用有关机关、组织和个人的交通工具、通信工具、场地和建筑物，必要时，可以设置相关工作场所和设备、设施，任务完成后应当及时归还或者恢复原状，并依照规定支付相应费用；造成损失的，应当补偿。

第十八条 国家情报工作机构根据工作需要，按照国家有关规定，可以提请海关、出入境边防检查等机关提供免检等便利。

第十九条 国家情报工作机构及其工作人员应当严格依法办事，不得超越职权、滥用职权，不得侵犯公民和组织的合法权益，不得利用职务便利为自己或者他人谋取私利，不得泄露国家秘密、商业秘密和个人信息。

第三章 国家情报工作保障

第二十条 国家情报工作机构及其工作人员依法

开展情报工作，受法律保护。

第二十一条　国家加强国家情报工作机构建设，对其机构设置、人员、编制、经费、资产实行特殊管理，给予特殊保障。

国家建立适应情报工作需要的人员录用、选调、考核、培训、待遇、退出等管理制度。

第二十二条　国家情报工作机构应当适应情报工作需要，提高开展情报工作的能力。

国家情报工作机构应当运用科学技术手段，提高对情报信息的鉴别、筛选、综合和研判分析水平。

第二十三条　国家情报工作机构工作人员因执行任务，或者与国家情报工作机构建立合作关系的人员因协助国家情报工作，其本人或者近亲属人身安全受到威胁时，国家有关部门应当采取必要措施，予以保护、营救。

第二十四条　对为国家情报工作作出贡献并需要安置的人员，国家给予妥善安置。

公安、民政、财政、卫生、教育、人力资源社会保障、退役军人事务、医疗保障等有关部门以及国有企业事业单位应当协助国家情报工作机构做好安置工作。

第二十五条　对因开展国家情报工作或者支持、

协助和配合国家情报工作导致伤残或者牺牲、死亡的人员，按照国家有关规定给予相应的抚恤优待。

个人和组织因支持、协助和配合国家情报工作导致财产损失的，按照国家有关规定给予补偿。

第二十六条　国家情报工作机构应当建立健全严格的监督和安全审查制度，对其工作人员遵守法律和纪律等情况进行监督，并依法采取必要措施，定期或者不定期进行安全审查。

第二十七条　任何个人和组织对国家情报工作机构及其工作人员超越职权、滥用职权和其他违法违纪行为，有权检举、控告。受理检举、控告的有关机关应当及时查处，并将查处结果告知检举人、控告人。

对依法检举、控告国家情报工作机构及其工作人员的个人和组织，任何个人和组织不得压制和打击报复。

国家情报工作机构应当为个人和组织检举、控告、反映情况提供便利渠道，并为检举人、控告人保密。

第四章　法律责任

第二十八条　违反本法规定，阻碍国家情报工作机构及其工作人员依法开展情报工作的，由国家情报工作机构建议相关单位给予处分或者由国家安全机关、公安机关处警告或者十五日以下拘留；构成犯罪的，依法追究刑事责任。

第二十九条　泄露与国家情报工作有关的国家秘密的，由国家情报工作机构建议相关单位给予处分或者由国家安全机关、公安机关处警告或者十五日以下拘留；构成犯罪的，依法追究刑事责任。

第三十条　冒充国家情报工作机构工作人员或者其他相关人员实施招摇撞骗、诈骗、敲诈勒索等行为的，依照《中华人民共和国治安管理处罚法》的规定处罚；构成犯罪的，依法追究刑事责任。

第三十一条　国家情报工作机构及其工作人员有超越职权、滥用职权，侵犯公民和组织的合法权益，利用职务便利为自己或者他人谋取私利，泄露国家秘密、商业秘密和个人信息等违法违纪行为的，依法给予处分；构成犯罪的，依法追究刑事责任。

第五章　附　　则

第三十二条　本法自 2017 年 6 月 28 日起施行。

中华人民共和国保守国家秘密法

（1988年9月5日第七届全国人民代表大会常务委员会第三次会议通过 2010年4月29日第十一届全国人民代表大会常务委员会第十四次会议第一次修订 2024年2月27日第十四届全国人民代表大会常务委员会第八次会议第二次修订 2024年2月27日中华人民共和国主席令第20号公布 自2024年5月1日起施行）

目 录

第一章 总 则

第二章 国家秘密的范围和密级

第三章 保密制度

第四章 监督管理

第五章 法律责任

第六章 附 则

第一章 总　　则

第一条　为了保守国家秘密，维护国家安全和利益，保障改革开放和社会主义现代化建设事业的顺利进行，根据宪法，制定本法。

第二条　国家秘密是关系国家安全和利益，依照法定程序确定，在一定时间内只限一定范围的人员知悉的事项。

第三条　坚持中国共产党对保守国家秘密（以下简称保密）工作的领导。中央保密工作领导机构领导全国保密工作，研究制定、指导实施国家保密工作战略和重大方针政策，统筹协调国家保密重大事项和重要工作，推进国家保密法治建设。

第四条　保密工作坚持总体国家安全观，遵循党管保密、依法管理、积极防范、突出重点、技管并重、创新发展的原则，既确保国家秘密安全，又便利信息资源合理利用。

法律、行政法规规定公开的事项，应当依法公开。

第五条　国家秘密受法律保护。

一切国家机关和武装力量、各政党和各人民团体、企业事业组织和其他社会组织以及公民都有保密的义务。

任何危害国家秘密安全的行为，都必须受到法律追究。

第六条 国家保密行政管理部门主管全国的保密工作。县级以上地方各级保密行政管理部门主管本行政区域的保密工作。

第七条 国家机关和涉及国家秘密的单位（以下简称机关、单位）管理本机关和本单位的保密工作。

中央国家机关在其职权范围内管理或者指导本系统的保密工作。

第八条 机关、单位应当实行保密工作责任制，依法设置保密工作机构或者指定专人负责保密工作，健全保密管理制度，完善保密防护措施，开展保密宣传教育，加强保密监督检查。

第九条 国家采取多种形式加强保密宣传教育，将保密教育纳入国民教育体系和公务员教育培训体系，鼓励大众传播媒介面向社会进行保密宣传教育，普及保密知识，宣传保密法治，增强全社会的保密意识。

第十条 国家鼓励和支持保密科学技术研究和应

用，提升自主创新能力，依法保护保密领域的知识产权。

第十一条　县级以上人民政府应当将保密工作纳入本级国民经济和社会发展规划，所需经费列入本级预算。

机关、单位开展保密工作所需经费应当列入本机关、本单位年度预算或者年度收支计划。

第十二条　国家加强保密人才培养和队伍建设，完善相关激励保障机制。

对在保守、保护国家秘密工作中做出突出贡献的组织和个人，按照国家有关规定给予表彰和奖励。

第二章　国家秘密的范围和密级

第十三条　下列涉及国家安全和利益的事项，泄露后可能损害国家在政治、经济、国防、外交等领域的安全和利益的，应当确定为国家秘密：

（一）国家事务重大决策中的秘密事项；

（二）国防建设和武装力量活动中的秘密事项；

（三）外交和外事活动中的秘密事项以及对外承担保密义务的秘密事项；

（四）国民经济和社会发展中的秘密事项；

（五）科学技术中的秘密事项；

（六）维护国家安全活动和追查刑事犯罪中的秘密事项；

（七）经国家保密行政管理部门确定的其他秘密事项。

政党的秘密事项中符合前款规定的，属于国家秘密。

第十四条　国家秘密的密级分为绝密、机密、秘密三级。

绝密级国家秘密是最重要的国家秘密，泄露会使国家安全和利益遭受特别严重的损害；机密级国家秘密是重要的国家秘密，泄露会使国家安全和利益遭受严重的损害；秘密级国家秘密是一般的国家秘密，泄露会使国家安全和利益遭受损害。

第十五条　国家秘密及其密级的具体范围（以下简称保密事项范围），由国家保密行政管理部门单独或者会同有关中央国家机关规定。

军事方面的保密事项范围，由中央军事委员会规定。

保密事项范围的确定应当遵循必要、合理原则，科学论证评估,并根据情况变化及时调整。保密事项范围的规定应当在有关范围内公布。

第十六条 机关、单位主要负责人及其指定的人员为定密责任人,负责本机关、本单位的国家秘密确定、变更和解除工作。

机关、单位确定、变更和解除本机关、本单位的国家秘密,应当由承办人提出具体意见,经定密责任人审核批准。

第十七条 确定国家秘密的密级,应当遵守定密权限。

中央国家机关、省级机关及其授权的机关、单位可以确定绝密级、机密级和秘密级国家秘密;设区的市级机关及其授权的机关、单位可以确定机密级和秘密级国家秘密;特殊情况下无法按照上述规定授权定密的,国家保密行政管理部门或者省、自治区、直辖市保密行政管理部门可以授予机关、单位定密权限。具体的定密权限、授权范围由国家保密行政管理部门规定。

下级机关、单位认为本机关、本单位产生的有关定密事项属于上级机关、单位的定密权限,应当先行采取保密措施,并立即报请上级机关、单位确定;没有上级机关、单位的，应当立即提请有相应定密权限的业务主管部门或者保密行政管理部门确定。

公安机关、国家安全机关在其工作范围内按照规定的权限确定国家秘密的密级。

第十八条 机关、单位执行上级确定的国家秘密事项或者办理其他机关、单位确定的国家秘密事项，需要派生定密的，应当根据所执行、办理的国家秘密事项的密级确定。

第十九条 机关、单位对所产生的国家秘密事项，应当按照保密事项范围的规定确定密级，同时确定保密期限和知悉范围；有条件的可以标注密点。

第二十条 国家秘密的保密期限，应当根据事项的性质和特点，按照维护国家安全和利益的需要，限定在必要的期限内；不能确定期限的，应当确定解密的条件。

国家秘密的保密期限，除另有规定外，绝密级不超过三十年，机密级不超过二十年，秘密级不超过十年。

机关、单位应当根据工作需要，确定具体的保密期限、解密时间或者解密条件。

机关、单位对在决定和处理有关事项工作过程中确定需要保密的事项，根据工作需要决定公开的，正式公布时即视为解密。

第二十一条　国家秘密的知悉范围，应当根据工作需要限定在最小范围。

国家秘密的知悉范围能够限定到具体人员的，限定到具体人员；不能限定到具体人员的，限定到机关、单位，由该机关、单位限定到具体人员。

国家秘密的知悉范围以外的人员，因工作需要知悉国家秘密的，应当经过机关、单位主要负责人或者其指定的人员批准。原定密机关、单位对扩大国家秘密的知悉范围有明确规定的，应当遵守其规定。

第二十二条　机关、单位对承载国家秘密的纸介质、光介质、电磁介质等载体（以下简称国家秘密载体）以及属于国家秘密的设备、产品，应当作出国家秘密标志。

涉及国家秘密的电子文件应当按照国家有关规定作出国家秘密标志。

不属于国家秘密的，不得作出国家秘密标志。

第二十三条　国家秘密的密级、保密期限和知悉范围，应当根据情况变化及时变更。国家秘密的密级、保密期限和知悉范围的变更，由原定密机关、单位决定，也可以由其上级机关决定。

国家秘密的密级、保密期限和知悉范围变更的，应当及时书面通知知悉范围内的机关、单位或者人员。

第二十四条　机关、单位应当每年审核所确定的国家秘密。

国家秘密的保密期限已满的，自行解密。在保密期限内因保密事项范围调整不再作为国家秘密，或者公开后不会损害国家安全和利益，不需要继续保密的，应当及时解密；需要延长保密期限的，应当在原保密期限届满前重新确定密级、保密期限和知悉范围。提前解密或者延长保密期限的，由原定密机关、单位决定，也可以由其上级机关决定。

第二十五条　机关、单位对是否属于国家秘密或者属于何种密级不明确或者有争议的，由国家保密行政管理部门或者省、自治区、直辖市保密行政管理部门按照国家保密规定确定。

第三章　保密制度

第二十六条　国家秘密载体的制作、收发、传递、使用、复制、保存、维修和销毁，应当符合国家保密规定。

绝密级国家秘密载体应当在符合国家保密标准的设施、设备中保存，并指定专人管理；未经原定密机关、单位或者其上级机关批准，不得复制和摘抄；收发、传递和外出携带，应当指定人员负责，并采取必要的安全措施。

第二十七条　属于国家秘密的设备、产品的研制、生产、运输、使用、保存、维修和销毁，应当符合国家保密规定。

第二十八条　机关、单位应当加强对国家秘密载体的管理，任何组织和个人不得有下列行为：

（一）非法获取、持有国家秘密载体；

（二）买卖、转送或者私自销毁国家秘密载体；

（三）通过普通邮政、快递等无保密措施的渠道传递国家秘密载体；

（四）寄递、托运国家秘密载体出境；

（五）未经有关主管部门批准，携带、传递国家秘密载体出境；

（六）其他违反国家秘密载体保密规定的行为。

第二十九条　禁止非法复制、记录、存储国家秘密。禁止未按照国家保密规定和标准采取有效保密措施，在互联网及其他公共信息网络或者有线和无线通信中传递国家秘密。

禁止在私人交往和通信中涉及国家秘密。

第三十条 存储、处理国家秘密的计算机信息系统（以下简称涉密信息系统）按照涉密程度实行分级保护。

涉密信息系统应当按照国家保密规定和标准规划、建设、运行、维护，并配备保密设施、设备。保密设施、设备应当与涉密信息系统同步规划、同步建设、同步运行。

涉密信息系统应当按照规定，经检查合格后，方可投入使用，并定期开展风险评估。

第三十一条 机关、单位应当加强对信息系统、信息设备的保密管理，建设保密自监管设施，及时发现并处置安全保密风险隐患。任何组织和个人不得有下列行为：

（一）未按照国家保密规定和标准采取有效保密措施，将涉密信息系统、涉密信息设备接入互联网及其他公共信息网络；

（二）未按照国家保密规定和标准采取有效保密措施，在涉密信息系统、涉密信息设备与互联网及其他公共信息网络之间进行信息交换；

（三）使用非涉密信息系统、非涉密信息设备存储或者处理国家秘密；

（四）擅自卸载、修改涉密信息系统的安全技术程序、管理程序；

（五）将未经安全技术处理的退出使用的涉密信息设备赠送、出售、丢弃或者改作其他用途；

（六）其他违反信息系统、信息设备保密规定的行为。

第三十二条 用于保护国家秘密的安全保密产品和保密技术装备应当符合国家保密规定和标准。

国家建立安全保密产品和保密技术装备抽检、复检制度，由国家保密行政管理部门设立或者授权的机构进行检测。

第三十三条 报刊、图书、音像制品、电子出版物的编辑、出版、印制、发行，广播节目、电视节目、电影的制作和播放，网络信息的制作、复制、发布、传播，应当遵守国家保密规定。

第三十四条 网络运营者应当加强对其用户发布的信息的管理，配合监察机关、保密行政管理部门、公安机关、国家安全机关对涉嫌泄露国家秘密案件进行调查处理；发现利用互联网及其他公共信息网络发布的信息涉嫌泄露国家秘密的，应当立即停止传输该信息，保存有关记录，向保密行政管理部门或者公安机关、国家安全机关报告；应当根据保密行政管理部门或者公安机关、国家安全机关的要求，删除涉及泄露国家秘密的信息，并对有关设备进行技术处理。

第三十五条 机关、单位应当依法对拟公开的信息进行保密审查，遵守国家保密规定。

第三十六条 开展涉及国家秘密的数据处理活动及其安全监管应当符合国家保密规定。

国家保密行政管理部门和省、自治区、直辖市保密行政管理部门会同有关主管部门建立安全保密防控机制，采取安全保密防控措施，防范数据汇聚、关联引发的泄密风险。

机关、单位应当对汇聚、关联后属于国家秘密事项的数据依法加强安全管理。

第三十七条 机关、单位向境外或者向境外在中国境内设立的组织、机构提供国家秘密，任用、聘用的境外人员因工作需要知悉国家秘密的，按照国家有关规定办理。

第三十八条 举办会议或者其他活动涉及国家秘密的，主办单位应当采取保密措施，并对参加人员进行保密教育，提出具体保密要求。

第三十九条 机关、单位应当将涉及绝密级或者较多机密级、秘密级国家秘密的机构确定为保密要害部门，将集中制作、存放、保管国家秘密载体的专门场所确定为保密要害部位，按照国家保密规定和标准配备、使用必要的技术防护设施、设备。

第四十条 军事禁区、军事管理区和属于国家秘密不对外开放的其他场所、部位，应当采取保密措施，未经有关部门批准，不得擅自决定对外开放或者扩大开放范围。

涉密军事设施及其他重要涉密单位周边区域应当按照国家保密规定加强保密管理。

第四十一条 从事涉及国家秘密业务的企业事业单位，应当具备相应的保密管理能力，遵守国家保密规定。

从事国家秘密载体制作、复制、维修、销毁，涉密信息系统集成，武器装备科研生产，或者涉密军事设施建设等涉及国家秘密业务的企业事业单位，应当经过审查批准，取得保密资质。

第四十二条　采购涉及国家秘密的货物、服务的机关、单位，直接涉及国家秘密的工程建设、设计、施工、监理等单位，应当遵守国家保密规定。

机关、单位委托企业事业单位从事涉及国家秘密的业务，应当与其签订保密协议，提出保密要求，采取保密措施。

第四十三条　在涉密岗位工作的人员（以下简称涉密人员），按照涉密程度分为核心涉密人员、重要涉密人员和一般涉密人员，实行分类管理。

任用、聘用涉密人员应当按照国家有关规定进行审查。

涉密人员应当具有良好的政治素质和品行，经过保密教育培训，具备胜任涉密岗位的工作能力和保密知识技能，签订保密承诺书，严格遵守国家保密规定，承担保密责任。

涉密人员的合法权益受法律保护。对因保密原因合法权益受到影响和限制的涉密人员，按照国家有关规定给予相应待遇或者补偿。

第四十四条　机关、单位应当建立健全涉密人员管理制度，明确涉密人员的权利、岗位责任和要求，对涉密人员履行职责情况开展经常性的监督检查。

第四十五条 涉密人员出境应当经有关部门批准，有关机关认为涉密人员出境将对国家安全造成危害或者对国家利益造成重大损失的，不得批准出境。

第四十六条 涉密人员离岗离职应当遵守国家保密规定。机关、单位应当开展保密教育提醒，清退国家秘密载体，实行脱密期管理。涉密人员在脱密期内，不得违反规定就业和出境，不得以任何方式泄露国家秘密；脱密期结束后，应当遵守国家保密规定，对知悉的国家秘密继续履行保密义务。涉密人员严重违反离岗离职及脱密期国家保密规定的，机关、单位应当及时报告同级保密行政管理部门，由保密行政管理部门会同有关部门依法采取处置措施。

第四十七条 国家工作人员或者其他公民发现国家秘密已经泄露或者可能泄露时，应当立即采取补救措施并及时报告有关机关、单位。机关、单位接到报告后，应当立即作出处理，并及时向保密行政管理部门报告。

第四章　监督管理

第四十八条 国家保密行政管理部门依照法律、

行政法规的规定，制定保密规章和国家保密标准。

第四十九条　保密行政管理部门依法组织开展保密宣传教育、保密检查、保密技术防护、保密违法案件调查处理工作，对保密工作进行指导和监督管理。

第五十条　保密行政管理部门发现国家秘密确定、变更或者解除不当的，应当及时通知有关机关、单位予以纠正。

第五十一条　保密行政管理部门依法对机关、单位遵守保密法律法规和相关制度的情况进行检查；涉嫌保密违法的，应当及时调查处理或者组织、督促有关机关、单位调查处理；涉嫌犯罪的，应当依法移送监察机关、司法机关处理。

对严重违反国家保密规定的涉密人员，保密行政管理部门应当建议有关机关、单位将其调离涉密岗位。

有关机关、单位和个人应当配合保密行政管理部门依法履行职责。

第五十二条　保密行政管理部门在保密检查和案件调查处理中，可以依法查阅有关材料、询问人员、记录情况，先行登记保存有关设施、设备、文件资料等；必要时，可以进行保密技术检测。

保密行政管理部门对保密检查和案件调查处理中

发现的非法获取、持有的国家秘密载体，应当予以收缴；发现存在泄露国家秘密隐患的，应当要求采取措施，限期整改；对存在泄露国家秘密隐患的设施、设备、场所，应当责令停止使用。

第五十三条 办理涉嫌泄露国家秘密案件的机关，需要对有关事项是否属于国家秘密、属于何种密级进行鉴定的，由国家保密行政管理部门或者省、自治区、直辖市保密行政管理部门鉴定。

第五十四条 机关、单位对违反国家保密规定的人员不依法给予处分的，保密行政管理部门应当建议纠正；对拒不纠正的，提请其上一级机关或者监察机关对该机关、单位负有责任的领导人员和直接责任人员依法予以处理。

第五十五条 设区的市级以上保密行政管理部门建立保密风险评估机制、监测预警制度、应急处置制度，会同有关部门开展信息收集、分析、通报工作。

第五十六条 保密协会等行业组织依照法律、行政法规的规定开展活动，推动行业自律，促进行业健康发展。

第五章 法律责任

第五十七条 违反本法规定，有下列情形之一，根据情节轻重，依法给予处分；有违法所得的，没收违法所得：

（一）非法获取、持有国家秘密载体的；

（二）买卖、转送或者私自销毁国家秘密载体的；

（三）通过普通邮政、快递等无保密措施的渠道传递国家秘密载体的；

（四）寄递、托运国家秘密载体出境，或者未经有关主管部门批准，携带、传递国家秘密载体出境的；

（五）非法复制、记录、存储国家秘密的；

（六）在私人交往和通信中涉及国家秘密的；

（七）未按照国家保密规定和标准采取有效保密措施，在互联网及其他公共信息网络或者有线和无线通信中传递国家秘密的；

（八）未按照国家保密规定和标准采取有效保密措施，将涉密信息系统、涉密信息设备接入互联网及其他公共信息网络的；

（九）未按照国家保密规定和标准采取有效保密措

施，在涉密信息系统、涉密信息设备与互联网及其他公共信息网络之间进行信息交换的；

（十）使用非涉密信息系统、非涉密信息设备存储、处理国家秘密的；

（十一）擅自卸载、修改涉密信息系统的安全技术程序、管理程序的；

（十二）将未经安全技术处理的退出使用的涉密信息设备赠送、出售、丢弃或者改作其他用途的；

（十三）其他违反本法规定的情形。

有前款情形尚不构成犯罪，且不适用处分的人员，由保密行政管理部门督促其所在机关、单位予以处理。

第五十八条　机关、单位违反本法规定，发生重大泄露国家秘密案件的，依法对直接负责的主管人员和其他直接责任人员给予处分。不适用处分的人员，由保密行政管理部门督促其主管部门予以处理。

机关、单位违反本法规定，对应当定密的事项不定密，对不应当定密的事项定密，或者未履行解密审核责任，造成严重后果的，依法对直接负责的主管人员和其他直接责任人员给予处分。

第五十九条　网络运营者违反本法第三十四条规定的，由公安机关、国家安全机关、电信主管部门、保密行政管理部门按照各自职责分工依法予以处罚。

第六十条 取得保密资质的企业事业单位违反国家保密规定的，由保密行政管理部门责令限期整改，给予警告或者通报批评；有违法所得的，没收违法所得；情节严重的，暂停涉密业务、降低资质等级；情节特别严重的，吊销保密资质。

未取得保密资质的企业事业单位违法从事本法第四十一条第二款规定的涉密业务的，由保密行政管理部门责令停止涉密业务，给予警告或者通报批评；有违法所得的，没收违法所得。

第六十一条 保密行政管理部门的工作人员在履行保密管理职责中滥用职权、玩忽职守、徇私舞弊的，依法给予处分。

第六十二条 违反本法规定，构成犯罪的，依法追究刑事责任。

第六章 附 则

第六十三条 中国人民解放军和中国人民武装警察部队开展保密工作的具体规定，由中央军事委员会根据本法制定。

第六十四条 机关、单位对履行职能过程中产生或者获取的不属于国家秘密但泄露后会造成一定不利影响的事项,适用工作秘密管理办法采取必要的保护措施。工作秘密管理办法另行规定。

第六十五条 本法自 2024 年 5 月 1 日起施行。

中华人民共和国
保守国家秘密法实施条例

（2014年1月17日中华人民共和国国务院令第646号公布　2024年7月10日中华人民共和国国务院令第786号修订）

第一章　总　　则

第一条　根据《中华人民共和国保守国家秘密法》（以下简称保密法）的规定，制定本条例。

第二条　坚持和加强中国共产党对保守国家秘密（以下简称保密）工作的领导。

中央保密工作领导机构领导全国保密工作，负责全国保密工作的顶层设计、统筹协调、整体推进、督促落实。

地方各级保密工作领导机构领导本地区保密工作，按照中央保密工作领导机构统一部署，贯彻落实党和国家保密工作战略及重大政策措施，统筹协调保密重大事项和重要工作，督促保密法律法规严格执行。

第三条 国家保密行政管理部门主管全国的保密工作。县级以上地方各级保密行政管理部门在上级保密行政管理部门指导下，主管本行政区域的保密工作。

第四条 中央国家机关在其职权范围内管理或者指导本系统的保密工作，监督执行保密法律法规，可以根据实际情况制定或者会同有关部门制定主管业务方面的保密规定。

第五条 国家机关和涉及国家秘密的单位（以下简称机关、单位）不得将依法应当公开的事项确定为国家秘密，不得将涉及国家秘密的信息公开。

第六条 机关、单位实行保密工作责任制，承担本机关、本单位保密工作主体责任。机关、单位主要负责人对本机关、本单位的保密工作负总责，分管保密工作的负责人和分管业务工作的负责人在职责范围内对保密工作负领导责任，工作人员对本岗位的保密工作负直接责任。

机关、单位应当加强保密工作力量建设，中央国家机关应当设立保密工作机构，配备专职保密干部，其他机关、单位应当根据保密工作需要设立保密工作机构或者指定人员专门负责保密工作。

机关、单位及其工作人员履行保密工作责任制情况应当纳入年度考评和考核内容。

第七条 县级以上人民政府应当加强保密基础设施建设和关键保密科学技术产品的配备。

省级以上保密行政管理部门应当推动保密科学技术自主创新，促进关键保密科学技术产品的研发工作，鼓励和支持保密科学技术研究和应用。

第八条 保密行政管理部门履行职责所需的经费，应当列入本级预算。机关、单位开展保密工作所需经费应当列入本机关、本单位的年度预算或者年度收支计划。

第九条 保密行政管理部门应当组织开展经常性的保密宣传教育。干部教育培训主管部门应当会同保密行政管理部门履行干部保密教育培训工作职责。干部教育培训机构应当将保密教育纳入教学体系。教育行政部门应当推动保密教育纳入国民教育体系。宣传部门应当指导鼓励大众传播媒介充分发挥作用，普及保密知识，宣传保密法治，推动全社会增强保密意识。

机关、单位应当定期对本机关、本单位工作人员进行保密工作优良传统、保密形势任务、保密法律法规、保密技术防范、保密违法案例警示等方面的教育培训。

第十条　保密行政管理部门应当按照国家有关规定完善激励保障机制，加强专门人才队伍建设、专业培训和装备配备，提升保密工作专业化能力和水平。教育行政部门应当加强保密相关学科专业建设指导和支持。

第十一条　对有下列表现之一的组织和个人，应当按照国家有关规定给予表彰和奖励：

（一）在危急情况下保护国家秘密安全的；

（二）在重大涉密活动中，为维护国家秘密安全做出突出贡献的；

（三）在保密科学技术研发中取得重大成果或者显著成绩的；

（四）及时检举泄露或者非法获取、持有国家秘密行为的；

（五）发现他人泄露或者可能泄露国家秘密，立即采取补救措施，避免或者减轻危害后果的；

（六）在保密管理等涉密岗位工作，忠于职守，严守国家秘密，表现突出的；

（七）其他在保守、保护国家秘密工作中做出突出贡献的。

第二章　国家秘密的范围和密级

第十二条　国家秘密及其密级的具体范围（以下称保密事项范围）应当明确规定国家秘密具体事项的名称、密级、保密期限、知悉范围和产生层级。

保密事项范围应当根据情况变化及时调整。制定、修订保密事项范围应当充分论证，听取有关机关、单位和相关行业、领域专家的意见。

第十三条　有定密权限的机关、单位应当依据本行业、本领域以及相关行业、领域保密事项范围，制定国家秘密事项一览表，并报同级保密行政管理部门备案。国家秘密事项一览表应当根据保密事项范围及时修订。

第十四条　机关、单位主要负责人为本机关、本单位法定定密责任人，根据工作需要，可以明确本机关、本单位其他负责人、内设机构负责人或者其他人员为指定定密责任人。

定密责任人、承办人应当接受定密培训，熟悉定密职责和保密事项范围,掌握定密程序和方法。

第十五条 定密责任人在职责范围内承担国家秘密确定、变更和解除工作,指导、监督职责范围内的定密工作。具体职责是:

(一)审核批准承办人拟定的国家秘密的密级、保密期限和知悉范围;

(二)对本机关、本单位确定的尚在保密期限内的国家秘密进行审核,作出是否变更或者解除的决定;

(三)参与制定修订本机关、本单位国家秘密事项一览表;

(四)对是否属于国家秘密和属于何种密级不明确的事项先行拟定密级、保密期限和知悉范围,并按照规定的程序报保密行政管理部门确定。

第十六条 中央国家机关、省级机关以及设区的市级机关可以根据保密工作需要或者有关机关、单位申请,在国家保密行政管理部门规定的定密权限、授权范围内作出定密授权。

无法按照前款规定授权的,省级以上保密行政管理部门可以根据保密工作需要或者有关机关、单位申请,作出定密授权。

定密授权应当以书面形式作出。授权机关应当对被授权机关、单位履行定密授权的情况进行监督。被授权机关、单位不得再授权。

中央国家机关、省级机关和省、自治区、直辖市保密行政管理部门作出的定密授权，报国家保密行政管理部门备案；设区的市级机关作出的定密授权，报省、自治区、直辖市保密行政管理部门备案。

第十七条　机关、单位应当在国家秘密产生的同时，由承办人依据有关保密事项范围拟定密级、保密期限和知悉范围，报定密责任人审核批准，并采取相应保密措施。

机关、单位对应当定密但本机关、本单位没有定密权限的事项，先行采取保密措施，并依照法定程序，报上级机关、单位确定；没有上级机关、单位的，报有定密权限的业务主管部门或者保密行政管理部门确定。

机关、单位确定国家秘密，能够明确密点的，按照国家保密规定确定并标注。

第十八条　机关、单位执行上级确定的国家秘密事项或者办理其他机关、单位确定的国家秘密事项，有下列情形之一的，应当根据所执行、办理的国家秘密事项的密级、保密期限和知悉范围派生定密：

（一）与已确定的国家秘密事项完全一致的；

（二）涉及已确定的国家秘密事项密点的；

（三）对已确定的国家秘密事项进行概括总结、编辑整合、具体细化的；

（四）原定密机关、单位对使用已确定的国家秘密事项有明确定密要求的。

第十九条　机关、单位对所产生的国家秘密，应当按照保密事项范围的规定确定具体的保密期限或者解密时间；不能确定的，应当确定解密条件。

国家秘密的保密期限，自标明的制发日起计算；不能标明制发日的，确定该国家秘密的机关、单位应当书面通知知悉范围内的机关、单位和人员，保密期限自通知之日起计算。

第二十条　机关、单位应当依法限定国家秘密的知悉范围，对知悉机密级以上国家秘密的人员，应当作出记录。

第二十一条　国家秘密载体以及属于国家秘密的设备、产品（以下简称密品）的明显部位应当作出国家秘密标志。国家秘密标志应当标注密级、保密期限。国家秘密的密级或者保密期限发生变更的，应当及时对原国家秘密标志作出变更。

无法作出国家秘密标志的,确定该国家秘密的机关、单位应当书面通知知悉范围内的机关、单位和人员。

第二十二条 机关、单位对所确定的国家秘密,认为符合保密法有关解除或者变更规定的,应当及时解除或者变更。

机关、单位对不属于本机关、本单位确定的国家秘密,认为符合保密法有关解除或者变更规定的,可以向原定密机关、单位或者其上级机关、单位提出建议。

已经依法移交各级国家档案馆的属于国家秘密的档案,由原定密机关、单位按照国家有关规定进行解密审核。

第二十三条 机关、单位被撤销或者合并、分立的,该机关、单位所确定国家秘密的变更和解除,由承担其职能的机关、单位负责;没有相应机关、单位的,由其上级机关、单位或者同级保密行政管理部门指定的机关、单位负责。

第二十四条 机关、单位发现本机关、本单位国家秘密的确定、变更和解除不当的,应当及时纠正;上级机关、单位发现下级机关、单位国家秘密的确定、变更和解除不当的，应当及时通知其纠正，也可以直接纠正。

第二十五条 机关、单位对符合保密法的规定，但保密事项范围没有规定的不明确事项，应当先行拟定密级、保密期限和知悉范围，采取相应的保密措施，并自拟定之日起10个工作日内报有关部门确定。拟定为绝密级的事项和中央国家机关拟定的机密级、秘密级的事项，报国家保密行政管理部门确定；其他机关、单位拟定的机密级、秘密级的事项，报省、自治区、直辖市保密行政管理部门确定。

保密行政管理部门接到报告后，应当在10个工作日内作出决定。省、自治区、直辖市保密行政管理部门还应当将所作决定及时报国家保密行政管理部门备案。

第二十六条 机关、单位对已确定的国家秘密事项是否属于国家秘密或者属于何种密级有不同意见的，可以向原定密机关、单位提出异议，由原定密机关、单位作出决定。

机关、单位对原定密机关、单位未予处理或者对作出的决定仍有异议的，按照下列规定办理：

（一）确定为绝密级的事项和中央国家机关确定的

机密级、秘密级的事项，报国家保密行政管理部门确定；

（二）其他机关、单位确定的机密级、秘密级的事项，报省、自治区、直辖市保密行政管理部门确定；对省、自治区、直辖市保密行政管理部门作出的决定有异议的，可以报国家保密行政管理部门确定。

在原定密机关、单位或者保密行政管理部门作出决定前，对有关事项应当按照主张密级中的最高密级采取相应的保密措施。

第三章　保　密　制　度

第二十七条　国家秘密载体管理应当遵守下列规定：

（一）制作国家秘密载体，应当由本机关、本单位或者取得国家秘密载体制作、复制资质的单位承担，制作场所、设备应当符合国家保密规定；

（二）收发国家秘密载体，应当履行清点、编号、登记、签收手续；

（三）传递国家秘密载体，应当通过机要交通、机要通信或者其他符合国家保密规定的方式进行；

（四）阅读、使用国家秘密载体，应当在符合国家保密规定的场所进行；

（五）复制国家秘密载体或者摘录、引用、汇编属于国家秘密的内容，应当按照规定报批，不得擅自改变原件的密级、保密期限和知悉范围，复制件应当加盖复制机关、单位戳记，并视同原件进行管理；

（六）保存国家秘密载体的场所、设施、设备，应当符合国家保密规定；

（七）维修国家秘密载体，应当由本机关、本单位专门技术人员负责。确需外单位人员维修的，应当由本机关、本单位的人员现场监督。确需在本机关、本单位以外维修的，应当符合国家保密规定；

（八）携带国家秘密载体外出，应当符合国家保密规定，并采取可靠的保密措施。携带国家秘密载体出境，应当按照国家保密规定办理审批手续；

（九）清退国家秘密载体，应当按照制发机关、单位要求办理。

第二十八条 销毁国家秘密载体，应当符合国家保密规定和标准，确保销毁的国家秘密信息无法还原。

销毁国家秘密载体，应当履行清点、登记、审批手续，并送交保密行政管理部门设立的工作机构或者指定的单位销毁。机关、单位因工作需要，自行销毁少量国家秘密载体的，应当使用符合国家保密标准的销毁设备和方法。

第二十九条　绝密级国家秘密载体管理还应当遵守下列规定：

（一）收发绝密级国家秘密载体，应当指定专人负责；

（二）传递、携带绝密级国家秘密载体，应当两人以上同行，所用包装应当符合国家保密规定；

（三）阅读、使用绝密级国家秘密载体，应当在符合国家保密规定的指定场所进行；

（四）禁止复制、下载、汇编、摘抄绝密级文件信息资料，确有工作需要的，应当征得原定密机关、单位或者其上级机关同意；

（五）禁止将绝密级国家秘密载体携带出境，国家另有规定的从其规定。

第三十条　机关、单位应当依法对密品的研制、生产、试验、运输、使用、保存、维修、销毁等进行管理。

机关、单位应当及时确定密品的密级和保密期限，严格控制密品的接触范围，对放置密品的场所、部位采取安全保密防范措施。

绝密级密品的研制、生产、维修应当在符合国家保密规定的封闭场所进行，并设置专门放置、保存场所。

密品的零件、部件、组件等物品，涉及国家秘密的，按照国家保密规定管理。

第三十一条　机关、单位应当依法确定保密要害部门、部位，报同级保密行政管理部门确认，严格保密管理。

第三十二条　涉密信息系统按照涉密程度分为绝密级、机密级、秘密级。机关、单位应当根据涉密信息系统存储、处理信息的最高密级确定保护等级，按照分级保护要求采取相应的安全保密防护措施。

第三十三条　涉密信息系统应当由国家保密行政管理部门设立或者授权的机构进行检测评估，并经设区的市级以上保密行政管理部门审查合格，方可投入使用。

公安机关、国家安全机关的涉密信息系统测评审查工作按照国家保密行政管理部门会同国务院公安、国家安全部门制定的有关规定执行。

第三十四条　机关、单位应当加强信息系统、信息设备的运行维护、使用管理，指定专门机构或者人员负责运行维护、安全保密管理和安全审计，按照国家保密规定建设保密自监管设施，定期开展安全保密检查和风险评估，配合保密行政管理部门排查预警事件，及时发现并处置安全保密风险隐患。

第三十五条　机关、单位应当按照国家保密规定，对绝密级信息系统每年至少开展一次安全保密风险评估，对机密级及以下信息系统每两年至少开展一次安全保密风险评估。机关、单位涉密信息系统的密级、使用范围和使用环境等发生变化可能产生新的安全保密风险隐患的，应当按照国家保密规定和标准采取相应防护措施，并开展安全保密风险评估。

涉密信息系统中使用的信息设备应当安全可靠，以无线方式接入涉密信息系统的，应当符合国家保密和密码管理规定、标准。

涉密信息系统不再使用的，应当按照国家保密规定和标准对相关保密设施、设备进行处理，并及时向相关保密行政管理部门备案。

第三十六条　研制、生产、采购、配备用于保护国家秘密的安全保密产品和保密技术装备应当符合国家保密规定和标准。

国家鼓励研制生产单位根据保密工作需要，采用新技术、新方法、新工艺等创新安全保密产品和保密技术装备。

第三十七条　研制生产单位应当为用于保护国家秘密的安全保密产品和保密技术装备持续提供维修维护服务，建立漏洞、缺陷发现和处理机制，不得在安全保密产品和保密技术装备中设置恶意程序。

研制生产单位可以向国家保密行政管理部门设立或者授权的机构申请对安全保密产品和保密技术装备进行检测，检测合格的，上述机构颁发合格证书。研制生产单位生产的安全保密产品和保密技术装备应当与送检样品一致。

第三十八条　国家保密行政管理部门组织其设立或者授权的机构开展用于保护国家秘密的安全保密产品和保密技术装备抽检、复检，发现不符合国家保密规定和标准的，应当责令整改；存在重大缺陷或者重大泄密隐患的，应当责令采取停止销售、召回产品等补救措施，相关单位应当配合。

第三十九条　网络运营者应当遵守保密法律法规和国家有关规定，建立保密违法行为投诉、举报、发现、处置制度，完善受理和处理工作机制，制定泄密应急预案。发生泄密事件时，网络运营者应当立即启动应急预案，采取补救措施，并向保密行政管理部门或者公安机关、国家安全机关报告。

第四十条　网络运营者对保密行政管理部门依法实施的保密违法案件调查和预警事件排查，应当予以配合。

省级以上保密行政管理部门在履行保密监督管理职责中，发现网络存在较大泄密隐患或者发生泄密事件的，可以按照规定权限和程序对该网络运营者的法定代表人或者主要负责人进行约谈，督促其及时整改，消除隐患。

第四十一条　机关、单位应当加强对互联网使用的保密管理。机关、单位工作人员使用智能终端产品等应当符合国家保密规定，不得违反有关规定使用非涉密信息系统、信息设备存储、处理、传输国家秘密。

第四十二条　机关、单位应当健全信息公开保密审查工作机制，明确审查机构，规范审查程序，按照先审查、后公开的原则，对拟公开的信息逐项进行保密审查。

第四十三条　机关、单位应当承担涉密数据安全保护责任，涉密数据收集、存储、使用、加工、传输、提供等处理活动应当符合国家保密规定。

省级以上保密行政管理部门应当会同有关部门建立动态监测、综合评估等安全保密防控机制，指导机关、单位落实安全保密防控措施，防范数据汇聚、关联引发的泄密风险。

机关、单位应当对汇聚、关联后属于国家秘密事项的数据依法加强安全管理，落实安全保密防控措施。

第四十四条 机关、单位向境外或者向境外在中国境内设立的组织、机构提供国家秘密，任用、聘用的境外人员因工作需要知悉国家秘密的，应当按照国家保密规定办理，进行审查评估，签订保密协议，督促落实保密管理要求。

第四十五条 举办会议或者其他活动涉及国家秘密的，主办单位应当采取下列保密措施，承办、参加单位和人员应当配合：

（一）根据会议、活动的内容确定密级，制定保密方案，限定参加人员和工作人员范围；

（二）使用符合国家保密规定和标准的场所、设施、设备，采取必要保密技术防护等措施；

（三）按照国家保密规定管理国家秘密载体；

（四）对参加人员和工作人员进行身份核实和保密教育，提出具体保密要求；

（五）保密法律法规和国家保密规定要求的其他措施。

通过电视、电话、网络等方式举办会议或者其他活动涉及国家秘密的，还应当符合国家有关保密标准。

第四十六条　保密行政管理部门及其他主管部门应当加强对涉密军事设施及其他重要涉密单位周边区域保密管理工作的指导和监督，建立协调机制，加强军地协作，组织督促整改，有关机关、单位应当配合，及时发现并消除安全保密风险隐患。

第四十七条　从事涉及国家秘密业务（以下简称涉密业务）的企业事业单位应当符合下列条件：

（一）在中华人民共和国境内依法成立1年以上的法人，国家另有规定的从其规定；

（二）无犯罪记录，近1年内未发生泄密案件；

（三）从事涉密业务的人员具有中华人民共和国国籍，国家另有规定的从其规定；

（四）保密制度完善，有专门的机构或者人员负责保密工作；

（五）用于涉密业务的场所、设施、设备符合国家保密规定和标准；

（六）具有从事涉密业务的专业能力；

（七）保密法律法规和国家保密规定要求的其他条件。

第四十八条 从事国家秘密载体制作、复制、维修、销毁，涉密信息系统集成，武器装备科研生产，或者涉密军事设施建设等涉密业务的企业事业单位，应当由保密行政管理部门单独或者会同有关部门进行保密审查，取得保密资质。

取得保密资质的企业事业单位，不得有下列行为：

（一）超出保密资质业务种类范围承担其他需要取得保密资质的业务；

（二）变造、出卖、出租、出借保密资质证书；

（三）将涉密业务转包给其他单位或者分包给无相应保密资质的单位；

（四）其他违反保密法律法规和国家保密规定的行为。

取得保密资质的企业事业单位实行年度自检制度，应当每年向作出准予行政许可决定的保密行政管理部门报送上一年度自检报告。

第四十九条 机关、单位采购涉及国家秘密的工程、货物、服务，或者委托企业事业单位从事涉密业务，应当根据国家保密规定确定密级，并符合国家保密规定和标准。机关、单位应当与有关单位、个人签订保密协议，提出保密要求，采取保密措施，实施全过程管理。

机关、单位采购或者委托企业事业单位从事本条例第四十八条第一款规定的涉密业务的，应当核验承担单位的保密资质。采购或者委托企业事业单位从事其他涉密业务的，应当核查参与单位的业务能力和保密管理能力。

政府采购监督管理部门、保密行政管理部门应当依法加强对涉及国家秘密的工程、货物、服务采购或者其他委托开展涉密业务的监督管理。

第五十条 机关、单位应当依法确定涉密岗位，对拟任用、聘用到涉密岗位工作的人员进行上岗前保密审查，确认其是否具备在涉密岗位工作的条件和能力。未通过保密审查的，不得任用、聘用到涉密岗位工作。

机关、单位组织人事部门负责组织实施保密审查时，拟任用、聘用到涉密岗位工作的人员应当如实提供有关情况；需要其原工作、学习单位以及居住地有关部门和人员配合的，相关单位、部门和人员应当配合。必要时，公安机关、国家安全机关依申请协助审查。

机关、单位组织人事部门应当定期组织复审,确保涉密人员符合涉密岗位工作要求。

第五十一条 涉密人员应当遵守保密法律法规和本机关、本单位保密制度,严格遵守保密纪律、履行保密承诺,接受保密管理,不得以任何方式泄露国家秘密。

第五十二条 机关、单位组织人事部门会同保密工作机构负责涉密人员保密管理工作。机关、单位保密工作机构应当对涉密人员履行保密责任情况开展经常性的监督检查,会同组织人事部门加强保密教育培训。

涉密人员出境,由机关、单位组织人事部门和保密工作机构提出意见,按照人事、外事审批权限审批。涉密人员出境应当经过保密教育培训,及时报告在境外相关情况。

第五十三条 涉密人员离岗离职应当遵守有关法律法规规定;离岗离职前,应当接受保密提醒谈话,签订离岗离职保密承诺书。机关、单位应当开展保密教育提醒,清退国家秘密载体、涉密设备,取消涉密信息系统访问权限,确定脱密期期限。涉密人员在脱密期内就业、出境应当遵守国家保密规定。涉密人员不得利用知悉的国家秘密为有关组织、个人提供服务或者谋取利益。

第五十四条 涉密人员擅自离职或者脱密期内严重违反国家保密规定的，机关、单位应当及时报告同级保密行政管理部门，由保密行政管理部门会同有关部门依法采取处置措施。

第五十五条 机关、单位应当建立健全涉密人员权益保障制度，按照国家有关规定给予因履行保密义务导致合法权益受到影响和限制的人员相应待遇或者补偿。

第四章 监督管理

第五十六条 机关、单位应当向同级保密行政管理部门报送本机关、本单位年度保密工作情况。下级保密行政管理部门应当向上级保密行政管理部门报送本行政区域年度保密工作情况。

第五十七条 国家建立和完善保密标准体系。国家保密行政管理部门依照法律、行政法规的规定制定国家保密标准；相关学会、协会等社会团体可以制定团体标准；相关企业可以制定企业标准。

第五十八条 机关、单位应当对遵守保密法律法规和相关制度情况开展自查自评。保密行政管理部门依法对下列情况进行检查：

（一）保密工作责任制落实情况；

（二）保密制度建设情况；

（三）保密宣传教育培训情况；

（四）涉密人员保密管理情况；

（五）国家秘密确定、变更、解除情况；

（六）国家秘密载体管理情况；

（七）信息系统和信息设备保密管理情况；

（八）互联网使用保密管理情况；

（九）涉密场所及保密要害部门、部位管理情况；

（十）采购涉及国家秘密的工程、货物、服务，或者委托企业事业单位从事涉密业务管理情况；

（十一）涉及国家秘密会议、活动管理情况；

（十二）信息公开保密审查情况；

（十三）其他遵守保密法律法规和相关制度的情况。

第五十九条 保密行政管理部门依法开展保密检查和案件调查处理，查阅有关材料、询问人员、记录情况，对有关设施、设备、文件资料等登记保存，进行保密技术检测，应当遵守国家有关规定和程序。

有关机关、单位和个人应当配合保密行政管理部门依法履行职责，如实反映情况，提供必要资料，不得弄虚作假，隐匿、销毁证据，或者以其他方式逃避、妨碍保密监督管理。

保密行政管理部门实施保密检查后，应当出具检查意见，对需要整改的，应当明确整改内容和期限，并在一定范围内通报检查结果。

第六十条　保密行政管理部门对涉嫌保密违法的线索和案件，应当依法及时调查处理或者组织、督促有关机关、单位调查处理；发现需要采取补救措施的，应当立即责令有关机关、单位和人员停止违法行为，采取有效补救措施。调查工作结束后，有违反保密法律法规的事实，需要追究责任的，保密行政管理部门应当依法作出行政处罚决定或者提出处理建议；涉嫌犯罪的，应当依法移送监察机关、司法机关处理。有关机关、单位应当及时将处理结果书面告知同级保密行政管理部门。

第六十一条　机关、单位发现国家秘密已经泄露或者可能泄露的，应当立即采取补救措施，并在24小时内向同级保密行政管理部门和上级主管部门报告。

地方各级保密行政管理部门接到泄密报告的，应当在 24 小时内逐级报至国家保密行政管理部门。

保密行政管理部门依法受理公民对涉嫌保密违法线索的举报，并保护举报人的合法权益。

第六十二条　保密行政管理部门收缴非法获取、持有的国家秘密载体，应当进行登记并出具清单，查清密级、数量、来源、扩散范围等，并采取相应的保密措施。

保密行政管理部门可以提请公安、市场监督管理等有关部门协助收缴非法获取、持有的国家秘密载体，有关部门应当予以配合。

第六十三条　办理涉嫌泄密案件的地方各级监察机关、司法机关申请国家秘密和情报鉴定的，向所在省、自治区、直辖市保密行政管理部门提出；办理涉嫌泄密案件的中央一级监察机关、司法机关申请国家秘密和情报鉴定的，向国家保密行政管理部门提出。

国家秘密和情报鉴定应当根据保密法律法规和保密事项范围等进行。保密行政管理部门受理鉴定申请后，应当自受理之日起 30 日内出具鉴定结论；不能按期出具的，经保密行政管理部门负责人批准，可以延长 30 日。专家咨询等时间不计入鉴定办理期限。

第六十四条　设区的市级以上保密行政管理部门

应当建立监测预警制度，分析研判保密工作有关情况，配备监测预警设施和相应工作力量，发现、识别、处置安全保密风险隐患，及时发出预警通报。

第六十五条　保密行政管理部门和其他相关部门应当在保密工作中加强协调配合，及时通报情况。

第六十六条　保密行政管理部门及其工作人员应当按照法定的职权和程序开展工作，做到严格规范公正文明执法，依法接受监督。

第五章　法　律　责　任

第六十七条　机关、单位违反保密法律法规发生泄密案件，有下列情形之一的，根据情节轻重，对直接负责的主管人员和其他直接责任人员依法给予处分；构成犯罪的，依法追究刑事责任：

（一）未落实保密工作责任制的；

（二）未依法确定、变更或者解除国家秘密的；

（三）未按照要求对涉密场所以及保密要害部门、部位进行防护或者管理的；

（四）涉密信息系统未按照规定进行测评审查而投入使用，经责令整改仍不改正的；

（五）未经保密审查或者保密审查不严，公开国家秘密的；

（六）委托不具备从事涉密业务条件的单位从事涉密业务的；

（七）违反涉密人员保密管理规定的；

（八）发生泄密案件未按照规定报告或者未及时采取补救措施的；

（九）未依法履行涉密数据安全管理责任的；

（十）其他违反保密法律法规的情形。

有前款情形尚不构成犯罪，且不适用处分的人员，由保密行政管理部门督促其主管部门予以处理。

第六十八条 在保密检查或者保密违法案件调查处理中，有关机关、单位及其工作人员拒不配合，弄虚作假，隐匿、销毁证据，或者以其他方式逃避、妨碍保密检查或者保密违法案件调查处理的，对直接负责的主管人员和其他直接责任人员依法给予处分；不适用处分的人员，由保密行政管理部门督促其主管部门予以处理。

企业事业单位及其工作人员协助机关、单位逃避、妨碍保密检查或者保密违法案件调查处理的，由有关主管部门依法予以处罚。

第六十九条　网络运营者违反保密法律法规，有下列情形之一的，由保密行政管理等部门按照各自职责分工责令限期整改，给予警告或者通报批评；情节严重的，处5万元以上50万元以下罚款，对直接负责的主管人员和其他直接责任人员处1万元以上10万元以下罚款：

（一）发生泄密事件，未依法采取补救措施的；

（二）未依法配合保密行政管理部门实施保密违法案件调查、预警事件排查的。

第七十条　用于保护国家秘密的安全保密产品和保密技术装备不符合国家保密规定和标准，有下列情形之一的，由保密行政管理等部门对研制生产单位给予警告或者通报批评，责令有关检测机构取消合格证书；有违法所得的，没收违法所得：

（一）研制生产单位拒不整改或者整改后仍不符合国家保密规定和标准的；

（二）安全保密产品和保密技术装备存在重大缺陷或者重大泄密隐患的；

（三）造成国家秘密泄露的；

（四）其他严重危害国家秘密安全的。

第七十一条　从事涉密业务的企业事业单位违反

保密法律法规及国家保密规定的，由保密行政管理部门责令限期整改，给予警告或者通报批评；有违法所得的，没收违法所得。

取得保密资质的企业事业单位，有下列情形之一的，并处暂停涉密业务、降低资质等级：

（一）超出保密资质业务种类范围承担其他需要取得保密资质业务的；

（二）未按照保密行政管理部门要求时限完成整改或者整改后仍不符合保密法律法规及国家保密规定的；

（三）其他违反保密法律法规及国家保密规定，存在重大泄密隐患的。

取得保密资质的企业事业单位，有下列情形之一的，并处吊销保密资质：

（一）变造、出卖、出租、出借保密资质证书的；

（二）将涉密业务转包给其他单位或者分包给无相应保密资质单位的；

（三）发现国家秘密已经泄露或者可能泄露，未立即采取补救措施或者未按照规定时限报告的；

（四）拒绝、逃避、妨碍保密检查的；

（五）暂停涉密业务期间承接新的涉密业务的；

（六）暂停涉密业务期满仍不符合保密法律法规及

国家保密规定的；

（七）发生重大泄密案件的；

（八）其他严重违反保密法律法规及国家保密规定行为的。

第七十二条　保密行政管理部门未依法履行职责，或者滥用职权、玩忽职守、徇私舞弊的，对直接负责的主管人员和其他直接责任人员依法给予处分；构成犯罪的，依法追究刑事责任。

第六章　附　　则

第七十三条　中央国家机关应当结合工作实际制定本行业、本领域工作秘密事项具体范围，报国家保密行政管理部门备案。

机关、单位应当加强本机关、本单位工作秘密管理，采取技术防护、自监管等保护措施。违反有关规定造成工作秘密泄露，情节严重的，对直接负责的主管人员和其他直接责任人员依法给予处分。

第七十四条　本条例自 2024 年 9 月 1 日起施行。

国家安全机关行政执法程序规定

（2024年4月26日中华人民共和国国家安全部令第3号公布 自2024年7月1日起施行）

第一章 总 则

第一条 为了规范国家安全机关的行政执法活动，保障国家安全机关依法正确履行职责，维护国家安全，保护人民利益，依据《中华人民共和国反间谍法》《中华人民共和国国家情报法》和《中华人民共和国行政处罚法》《中华人民共和国行政强制法》等有关法律、行政法规，制定本规定。

第二条 国家安全机关在依法履行职责过程中开展行政执法，应当以事实为依据，以法律为准绳，遵循合法、公正、公开、及时的原则，尊重和保障人权，保障个人和组织的合法权益。

第三条　国家安全机关开展行政执法，应当使用中华人民共和国通用的语言文字。

国家安全机关在少数民族聚居或者多民族共同居住的地区开展行政执法，应当使用当地通用的语言进行。对不通晓当地通用语言文字的当事人，应当为他们提供翻译。

第四条　国家安全机关开展行政执法，应当推进执法规范化建设，完善行政执法程序，强化行政执法监督机制和能力建设，严格落实行政执法责任制。

第五条　国家安全机关开展行政执法，应当落实行政执法公示制度，依法保障有关个人和组织的知情权、参与权、表达权、监督权。对属于国家秘密、工作秘密、商业秘密和个人隐私、个人信息的，应当保密。

第六条　国家安全机关开展行政执法，应当落实执法全过程记录制度，通过文字、音像等形式，对行政执法过程进行记录，做到执法全过程留痕和可回溯管理。

第七条　国家安全机关开展行政执法，应当落实重大行政执法决定法制审核制度，在国家安全机关负责人作出重大行政执法决定之前进行法制审核；未经法制审核或者审核未通过的，不得作出决定。

第八条 任何公民和组织都应当依法支持、协助国家安全机关开展工作，保守所知悉的国家秘密和工作秘密。

对支持、协助国家安全机关工作的个人和组织依法给予保护；对举报危害国家安全行为或者作出重大贡献的，按照国家有关规定给予表彰和奖励。

第二章 防范指导

第九条 国家机关、人民团体、企业事业组织和其他社会组织落实反间谍安全防范工作主体责任，应当依法接受国家安全机关的协调指导和监督检查。

国家机关、人民团体、企业事业组织和其他社会组织可以通过口头、书面等方式，向国家安全机关及其工作人员申请指导。国家安全机关及其工作人员应当及时开展指导，必要时，可以进行现场指导。

第十条 国家安全机关应当根据反间谍安全防范形势，通过提供宣传教育材料、印发书面指导意见、举办工作培训、召开工作会议等方式，指导有关单位开展反间谍宣传教育活动。

第十一条　国家安全机关可以结合有关行政区域和行业的实际特点，会同有关地方人民政府、相关行业主管部门开展联合指导。

第十二条　国家安全机关会同有关部门确定反间谍安全防范重点单位后，应当以书面形式，明确该单位及相关人员应当履行的反间谍安全防范具体要求，并通过定期或者不定期回访检查等方式，开展防范指导。

第十三条　国家安全机关在开展防范指导中发现存在危害国家安全风险隐患的，可以向相关个人和组织提出落实维护国家安全责任的具体要求。

国家安全机关依照有关规定就反间谍安全防范事项对相关单位及人员进行提醒的，可以通报有关情况和安全风险隐患，提出安全防范建议。

相关单位及人员需要采取相应防范措施消除安全风险的，国家安全机关可以依照有关规定予以劝告。相关单位及人员应当将落实安全防范措施的情况及时告知国家安全机关。

第十四条　公民和组织举报危害国家安全行为时，应当如实提供所知悉的情况。需要配合开展相关处置工作的，应当按照国家安全机关的指导意见，履行维护国家安全的义务。

第十五条 有关国家机关、人民团体、企业事业组织和其他社会组织未依法履行反间谍安全防范义务的，国家安全机关应当对其进行批评教育，可以制作责令改正通知书，并及时督促检查改正情况；未按照要求改正的，国家安全机关可以制作约谈通知书，约谈相关负责人，必要时可以将约谈情况通报该单位上级主管部门。

第三章 调查取证

第一节 一般规定

第十六条 国家安全机关开展调查取证，应当合法、及时、客观、全面地收集、调取证据材料，了解有关情况，并予以审查、核实。

第十七条 国家安全机关开展调查取证，应当由二名以上执法人员进行。执法人员应当表明执法身份，依照有关规定出示人民警察证或者侦察证及相关法律文书。

第十八条 国家安全机关开展调查取证，应当口头或者书面告知有关人员遵守保密义务。必要时，有关人员应当签署保密义务承诺书。

第十九条　国家安全机关开展调查取证，应当重点调查以下违法事实：

（一）违法嫌疑人的基本情况；

（二）违法行为是否存在；

（三）违法行为是否为违法嫌疑人实施；

（四）违法嫌疑人的主观认知；

（五）实施违法行为的时间、地点、手段、后果以及其他情节；

（六）有无法定从轻、减轻以及不予行政处罚的情形；

（七）与违法行为有关的其他事实。

第二十条　国家安全机关开展调查取证的证据包括：

（一）书证；

（二）物证；

（三）视听资料；

（四）电子数据；

（五）证人证言；

（六）当事人的陈述；

（七）鉴定意见；

（八）勘验笔录、现场笔录、辨认笔录。

证据必须经查证属实，方可作为认定案件事实的根据。

国家安全机关必须依照法定程序，收集能够证实违法嫌疑人是否违法、违法情节轻重的证据。以严重违反法定程序收集的证据材料，以违反法律强制性规定手段获取且侵害他人合法权益的证据材料，以及以利诱、欺诈、胁迫、暴力等非法手段取得的证据材料，不得作为认定案件事实的根据。

第二十一条　对查获或者到案的违法嫌疑人，国家安全机关执法人员应当立即进行人身、随带物品的安全检查，发现违禁品或者管制器具、武器、易燃易爆等危险品以及与案件有关的物品的，应当立即扣押；对违法嫌疑人随身携带的与案件无关的物品，应当按照有关规定予以登记、保管、退还。安全检查不需要开具检查证。

前款规定的扣押适用本章第七节的规定。

第二十二条　国家安全机关应当使用执法记录仪等现场执法记录设备，对检查、查封、扣押等重要取证工作进行全过程录音录像，并妥善保存。

国家安全机关进行现场执法记录时，当事人应当配合。故意阻碍国家安全机关依法执行任务的，依法追究法律责任。

第二十三条　办理外国人违法案件，应当依照我国法律法规和有关规定，做好国籍确认、通知通报等工作，落实相关办案要求。

第二节　询问违法嫌疑人

第二十四条　询问违法嫌疑人，可以在现场进行，或者到违法嫌疑人住所进行，也可以将违法嫌疑人传唤到其所在市、县内的指定地点进行。

询问违法嫌疑人，应当个别进行。

第二十五条　传唤违法嫌疑人接受调查，应当经国家安全机关办案部门负责人批准，制作传唤证，在违法嫌疑人被传唤到案和传唤结束后，由其在传唤证上填写到案和离开时间并签名。

国家安全机关执法人员对现场发现的违法嫌疑人需要进行调查的，可以进行口头传唤，在询问笔录中注明口头传唤的情况。

传唤的原因和依据应当告知被传唤人。

对无正当理由拒不接受传唤或者逃避传唤的违法

嫌疑人，经国家安全机关办案部门负责人批准，可以强制传唤。情况紧急确需当场实施强制传唤的，国家安全机关执法人员应当在返回单位后立即向其所属国家安全机关办案部门负责人报告，补办批准手续，并在笔录中注明。国家安全机关办案部门负责人认为不应当强制传唤的，应当立即解除。强制传唤时，可以依法使用手铐、警绳等约束性警械。

单位涉嫌违法的，国家安全机关可以依法传唤其直接负责的主管人员和其他直接责任人员。

第二十六条 除被传唤人不讲真实姓名、住址、身份不明，无家属、拒不提供家属联系方式、提供的家属联系方式无法取得联系或者因自然灾害等不可抗力导致无法通知，或者可能妨碍调查的情形外，国家安全机关应当及时将传唤的原因通知被传唤人家属。在上述情形消失后，应当立即通知被传唤人家属。

第二十七条 传唤后，应当及时询问被传唤人。询问查证的时间不得超过八小时；情况复杂，可能适用行政拘留或者涉嫌犯罪的，询问查证的时间不得超过二十四小时。国家安全机关应当为被传唤人提供必要的饮食和休息时间。严禁以连续传唤的形式变相拘禁违法嫌疑人。

第二十八条　违法嫌疑人在接受国家安全机关执法人员询问时，应当如实回答，对无关的问题有拒绝回答的权利。

第二十九条　首次询问违法嫌疑人时，应当问明违法嫌疑人的基本情况。根据需要，可以同时问明其工作单位、家庭主要成员等其他有关情况。

第三十条　询问违法嫌疑人时，应当听取违法嫌疑人的陈述和申辩，不得因违法嫌疑人陈述、申辩而给予更重的处罚。

询问情况应当制作询问笔录。

对询问过程进行录音、录像的，应当保持录音、录像资料的完整性。

违法嫌疑人请求自行提供书面材料的，应当准许。必要时，执法人员也可以要求违法嫌疑人自行书写。违法嫌疑人应当在其提供的书面材料的结尾处签名或者捺指印。对打印的书面材料，违法嫌疑人应当逐页签名或者捺指印。

第三十一条　询问未成年的违法嫌疑人时，应当通知其父母或者其他监护人到场，其父母或者其他监护人不能到场的，也可以通知未成年人的其他成年亲属，所在学校、单位、居住地基层组织或者未成年人保护组织的代表到场,并将有关情况记录在案。确实无法通知或者通知后未到场的,应当在询问笔录中注明。

第三十二条 询问聋哑人,应当有通晓手语的人提供帮助,并在询问笔录中注明被询问人的聋哑情况以及翻译人员的基本情况。

对不通晓当地通用的语言文字的被询问人,应当为其配备翻译人员,并在询问笔录中注明翻译人员的基本情况。

第三节 问询情况

第三十三条 国家安全机关执法人员依法执行任务时,经出示人民警察证或者侦察证,可以向有关个人和组织问询有关情况。根据需要,经国家安全机关办案部门负责人审批,可以出具问询通知书。

第三十四条 问询可以在现场进行,也可以到被问询人所在单位、住所或者被问询人同意的其他地点进行。必要时,可以书面、电话等方式或者当场通知被问询人到国家安全机关接受问询。

第三十五条 国家安全机关可以采取口头或书面的方式,告知被问询人必须如实提供证据、证言和故意作伪证或者隐匿证据应负的法律责任，对无关的问题有拒绝回答的权利。

问询证人应当个别进行。

第三十六条 问询情况可以制作问询笔录。问询情况可能作为证据使用的，应当制作问询笔录，并由被问询人签名。

被问询人自行提供书面材料的，国家安全机关应当接收。

根据需要，国家安全机关执法人员可以对问询过程录音录像，并保持录音录像资料的完整性。

第三十七条 问询未成年证人时，应当通知其父母或者其他监护人到场，配合问询工作。其父母或者其他监护人不能到场的，也可以通知未成年证人的其他成年亲属，所在学校、单位、居住地基层组织或者未成年人保护组织的代表到场，并将有关情况记录在案。确实无法通知或者通知后未到场，制作问询笔录的，应当在问询笔录中注明。

第三十八条 问询聋哑人，应当有通晓手语的人提供帮助，制作问询笔录的，应当在问询笔录中注明被问询人的聋哑情况以及翻译人员的基本情况。

对不通晓当地通用的语言文字的被问询人，应当为其配备翻译人员，制作问询笔录的，应当在问询笔录中注明翻译人员的基本情况。

第三十九条　国家安全机关根据《中华人民共和国国家情报法》第十六条向个人和组织了解、询问有关情况，适用本节规定。

第四节　查　　验

第四十条　国家安全机关依法对有关个人和组织的电子设备、设施及有关程序、工具开展查验，应当经设区的市级以上国家安全机关负责人批准，制作查验通知书。

紧急情况下，确有必要立即查验的，经设区的市级以上国家安全机关负责人批准，执法人员经出示人民警察证或者侦察证，可以当场实施查验。

第四十一条　查验时，应当有被查验人或者见证人在场，并注意保持电子数据的真实性、完整性，避免对电子设备、设施及有关程序、工具造成不必要的损坏。

被查验人包括电子设备、设施及有关程序、工具的所有人、持有人、保管人或单位。

第四十二条　根据查验工作需要，国家安全机关可以在电子设备、设施及有关程序、工具使用、存放的地点、场所进行查验。无法在现场查验的，经办案部门负责人批准，可以由被查验人将电子设备、设施携带至国家安全机关指定的地点进行查验，也可以征得被查验人同意后，由国家安全机关将电子设备、设施带至指定的地点进行查验。由国家安全机关带至指定的地点进行查验的，应当制作清单。

开展查验应当制作笔录。对于查验过程中涉及到的证据材料，国家安全机关执法人员应当依法及时收集和固定。

第四十三条 查验中发现存在危害国家安全情形，能够现场整改的，国家安全机关应当责令被查验人采取措施，立即整改。整改后符合要求的，应当记录在案。

被查验人无法在查验现场完成整改的，国家安全机关应当出具责令整改通知书，明确整改要求和整改期限。

为防止危害发生或者扩大，国家安全机关可以责令有关个人和组织在危害国家安全的情形消除前停止使用相关电子设备、设施及有关程序、工具。

有关个人和组织拒绝国家安全机关提出的整改要

求或者整改后仍不符合要求的，国家安全机关可以查封、扣押电子设备、设施及有关程序、工具。危害国家安全的情形消除后，应当及时解除查封、扣押。

第四十四条 开展查验时，发现电子设备、设施及有关程序、工具涉嫌违法，需要进一步调查核实的，国家安全机关应当依照本章第七节执行查封、扣押，并开展调查取证工作。

第四十五条 国家安全机关执法人员依法执行任务时，需要查明有关人员身份的，经出示人民警察证或者侦察证，可以查验中国公民或者境外人员的身份证明。对身份不明、有危害国家安全嫌疑的人员，经出示人民警察证或者侦察证，可以查看其随带物品。

身份证明包括居民身份证、户口本、驾驶证、出入境证件以及其他能够证明中国公民或者境外人员身份的各类证件。

第五节　查阅、调取

第四十六条 国家安全机关工作人员依法查阅、调取有关文件、数据、资料、物品的，应当经设区的市级以上国家安全机关负责人批准，制作查阅调取通知书。持有人或者保管人应当在通知书上签名或者盖章。

第四十七条 调取的物证应当是原物。在原物不便搬运、不易保存或者依法应当由有关部门保管、处理或者依法应当返还时，可以拍摄或者制作足以反映原物外形、特征或者内容的照片、录像或者复制品。

物证的照片、录像或者复制品，经与原物核对无误，或者经鉴定证明为真实的，或者以其他方式确能证明其真实的，可以作为证据使用。原物的照片、录像或者复制品，不能反映原物的外形、特征或者内容的，不能作为证据使用。

第四十八条 调取的书证应当是原件。在取得原件确有困难时，可以使用副本或者复制件。

书证的副本、复制件，经与原件核对无误或者经鉴定证明为真实的，或者以其他方式确能证明其真实的，可以作为证据使用。书证有更改或者更改迹象，不能作出合理解释的，书证的副本、复制件不能反映原件及其内容的，不能作为证据使用。

第四十九条 物证的照片、录像或者复制品，书证的副本、复制件，视听资料、电子数据的复制件，应当附有关制作过程及原件、原物存放处的文字说明，并由制作人和物品持有人或者物品持有单位有关人员签名或者盖章。

第五十条　调取有关文件、数据、资料、物品时，应当会同持有人或者保管人查点清楚，当场制作调取清单。调取后，国家安全机关及其工作人员应当妥善保管。

第五十一条　调取电子数据作为证据材料的，参照《国家安全机关办理刑事案件程序规定》的有关规定执行，并严格遵守国家有关规定。

第六节　检　　查

第五十二条　国家安全机关经设区的市级以上国家安全机关负责人批准，可以出示检查证，依法对涉嫌危害国家安全行为的人身、物品、场所进行检查。

紧急情况下，确有必要立即检查的，经设区的市级以上国家安全机关负责人批准，执法人员经出示人民警察证或者侦察证，可以当场检查。

检查有关场所，应当有被检查人或者见证人在场。

检查情况应当制作笔录。检查过程的全过程录音录像可以替代书面检查笔录，但应当对视听资料的关键内容和相应时间段等作文字说明。

第五十三条　对违法嫌疑人进行检查时，应当尊重被检查人的人格尊严。

检查女性身体的，应当由女性工作人员进行。

检查场所或者物品时，应当注意避免造成不必要的损坏。

第五十四条　对违法行为现场，应当进行勘验，提取与案件有关的证据材料。

现场勘验参照《国家安全机关办理刑事案件程序规定》的有关规定执行。

第五十五条　国家安全机关执法人员依法对涉嫌危害国家安全行为的物品进行检查时，涉及有关电子数据证据材料，能够扣押电子数据原始存储介质的，应当依照本章第七节执行扣押；无法扣押原始存储介质的，可以通过现场或者网络在线提取等方式，收集、固定有关证据材料。

现场提取电子数据，应当制作笔录。持有人无法或者拒绝签名的，应当注明。

开展网络在线提取及网络远程勘验的，参照《国家安全机关办理刑事案件程序规定》的有关规定执行，并严格遵守国家有关规定。

由于客观原因无法或者不宜提取的，可以采取打印、拍照或者录像等方式固定相关证据，并附有关原因、过程等情况的文字说明。

第七节　查封、扣押、冻结、先行登记保存

第五十六条　国家安全机关对涉嫌用于危害国家安全行为的场所、设施或者财物依法实施查封、扣押的行政强制措施，应当遵守下列规定：

（一）实施前应当向设区的市级以上国家安全机关负责人报告并经批准；

（二）由二名以上执法人员实施，并出示人民警察证或者侦察证；

（三）通知当事人到场，当场告知当事人采取查封、扣押的理由、依据以及当事人依法享有的权利、救济途径，听取当事人的陈述和申辩；

（四）制作相关法律文书及现场笔录；

（五）现场笔录由当事人和执法人员签名或者盖章，当事人拒绝的，予以注明；

（六）当事人不到场的，邀请见证人到场，由见证人和执法人员在现场笔录上签名或者盖章；

（七）法律、法规规定的其他程序。

实施冻结的行政强制措施，应当执行前款第一、

二、四项的要求，并将协助冻结财产通知书交付金融机构。

在开展调查取证时实施查封、扣押，已制作相关笔录的，不再重复制作查封扣押笔录。

实施查封、扣押的全程录音录像，已经具备第一款第二、三、五、六项规定的实质要素的，可以替代书面现场笔录，但应当对视听资料的关键内容和相应时间段等作文字说明。

第五十七条 情况紧急，需要当场实施查封、扣押、冻结的，执法人员应当在二十四小时内报告设区的市级以上国家安全机关负责人，并补办批准手续。设区的市级以上国家安全机关负责人认为不应当采取查封、扣押、冻结措施的，应当立即解除。

第五十八条 对与违法行为无关的场所、设施、物品，公民个人及其扶养家属的生活必需品不得查封。

场所、设施、物品已被有关国家机关依法查封的，不得重复查封。

对查封的不动产或者不便移动的物品，可以委托第三人保管，第三人不得损毁或者擅自转移、处置。

第五十九条 对扣押的物品应当予以登记，写明物品名称、规格、数量、特征，并由持有人或者保管人签名或者捺指印。必要时，可以进行拍照。对与案件无关的物品，不得扣押。

第六十条　查封、扣押期限不得超过三十日，情况复杂的，经设区的市级以上国家安全机关负责人批准，可以延长，但是延长期限不得超过三十日。法律、行政法规另有规定的除外。

延长扣押、查封期限的，应当及时书面告知当事人，并说明理由。

对查封、扣押的物品需要进行检测或者技术鉴定的，查封、扣押的期间不包括检测或者技术鉴定的期间，但检测或者技术鉴定的期间应当明确，并书面告知当事人。

第六十一条　在证据可能灭失或者以后难以取得的情况下，经国家安全机关负责人批准，可以先行登记保存。

先行登记保存期间，证据持有人及其他人员不得损毁或者转移证据。

对先行登记保存的证据，应当在七日以内作出处理决定。逾期不作出处理决定的，视为自动解除。

第六十二条　国家安全机关实施查封、扣押、先行登记保存等措施时，应当会同当事人查点清楚，当场交付查封扣押决定书或者先行登记保存决定书，同时制作清单，当事人或者见证人拒绝签名，或者因情况紧急等原因无法邀请见证人的，应当注明。

第六十三条 有下列情形之一的，国家安全机关应当立即解除查封、扣押、先行登记保存：

（一）当事人没有违法行为；

（二）被采取措施的场所、设施、物品与违法行为无关；

（三）已经作出处理决定，不再需要采取措施；

（四）采取措施的期限已经届满；

（五）其他不再需要采取措施的情形。

解除查封、扣押、先行登记保存措施的，应当立即退还财物，制作返还财物文件清单并由当事人签名确认。

第六十四条 国家安全机关依法查询违法嫌疑人员的相关存款、汇款、债券、股票、基金份额等财产信息，应当经设区的市级以上国家安全机关负责人批准。

查询财产信息时，国家安全机关执法人员应当制作协助查询财产通知书交由有关机构执行查询。

第六十五条 银行、其他金融机构等有关单位和个人应当按照协助冻结财产通知书,对与案件有关的存款、汇款、债券、股票、基金份额等财产予以冻结。冻结的数额与违法行为涉及的金额相当。

第六十六条　一般情况下,冻结的期限不得超过三十日;情况复杂的,经设区的市级以上国家安全机关负责人批准,可以延长,但是延长期限不得超过三十日。

延长冻结的决定应当及时书面告知当事人,并说明理由。

第六十七条　作出冻结决定的国家安全机关应当在三日以内向当事人交付冻结财产决定书。

第六十八条　与案件有关的财产已被有关国家机关冻结的,国家安全机关不得重复冻结,但是应当要求银行、其他金融机构等单位在协助冻结财产通知书回执中注明该涉案财物已被冻结以及轮候冻结的有关情况,告知其在有关国家机关解除冻结或者作出处理前,通知国家安全机关。国家安全机关可以查询轮候冻结的生效情况。

第六十九条　对于冻结市场价格波动较大或者有效期限即将届满的债券、股票、基金份额等财产,在送达协助冻结财产通知书的同时,应当告知当事人或者其法定代理人、委托代理人有权申请出售、如期受偿或者变现。

第七十条　对于不需要继续冻结或者经查明确实与案件无关的存款、汇款、债券、股票、基金份额等财产，应当经设区的市级以上国家安全机关负责人批准，制作解除冻结财产通知书，通知银行、其他金融机构等单位解除冻结，并通知当事人。有关单位接到解除冻结财产通知书后，应当及时解除冻结。

第八节　辨　　认

第七十一条　为了查明案情，国家安全机关执法人员可以让违法嫌疑人、被侵害人或者其他证人对与违法行为有关的物品、场所或者违法嫌疑人进行辨认。

第七十二条　辨认由二名以上国家安全机关执法人员主持。

组织辨认前，应当向辨认人详细询问辨认对象的具体特征，并避免辨认人见到辨认对象。

第七十三条　多名辨认人对同一辨认对象或者一名辨认人对多名辨认对象进行辨认时，应当个别进行。

第七十四条　辨认时，应当将辨认对象混杂在特征相类似的其他对象中，不得在辨认前向辨认人展示辨认对象及其影像资料,不得给辨认人任何暗示。

辨认违法嫌疑人时,被辨认的人数不得少于七人;对违法嫌疑人照片进行辨认的,不得少于十人的照片。

辨认每一件物品时,混杂的同类物品不得少于五件;对物品的照片进行辨认的,不得少于五个物品的照片。

同一辨认人对与同一案件有关的辨认对象进行多组辨认的,不得重复使用陪衬照片或者陪衬人。

第七十五条 辨认人不愿意暴露身份的,对违法嫌疑人的辨认可以在不暴露辨认人的情况下进行,国家安全机关及其执法人员应当为辨认人保守秘密。

第七十六条 辨认经过和结果,应当制作辨认笔录。必要时,应当对辨认过程进行录音、录像。

第九节 鉴 定

第七十七条 为了查明案情,解决案件中某些专门性问题,国家安全机关可以指派有鉴定资格的人进行鉴定,或者聘请具有合法资质的鉴定机构的鉴定人进行鉴定。

需要聘请鉴定人的,经国家安全机关办案部门负责人批准,制作鉴定聘请书。鉴定费用由国家安全机关承担,但当事人自行鉴定的除外。

第七十八条 国家安全机关应当为鉴定人进行鉴定提供必要的条件,及时向鉴定人送交有关检材和对比样本等原始材料,介绍与鉴定有关的情况,提出鉴定解决的问题。做好检材的保管和送检工作,确保检材在流转环节中的同一性和不被污染。

禁止强迫或者暗示鉴定人作出某种鉴定意见。

第七十九条 鉴定人鉴定后,应当出具鉴定意见。鉴定意见应当载明委托人、委托鉴定的事项、提交鉴定的相关材料、鉴定的时间、依据和结论性意见等内容,并由鉴定人签名或者盖章。通过分析得出鉴定意见的,应当有分析过程的说明。鉴定意见应当附有鉴定机构和鉴定人的资质证明或者其他证明文件。

鉴定人对鉴定意见负责,不受任何国家机关、人民团体、企业事业组织和其他社会组织以及个人的干涉。多人参加鉴定,对鉴定意见有不同意见的,应当注明。

鉴定人故意作虚假鉴定的,应当承担法律责任。

第八十条 国家安全机关执法人员应当对鉴定人出具的鉴定意见进行审查。发现文字表达有瑕疵或者错别字,但不影响司法鉴定意见的,可以要求司法鉴定机构对鉴定意见进行补正。

对经审查作为证据使用的鉴定意见，国家安全机关应当在收到鉴定意见之日起五日以内将鉴定意见复印件送达违法嫌疑人。

违法嫌疑人对鉴定意见有异议的，可以在收到鉴定意见复印件之日起三日以内向国家安全机关提出重新鉴定或者补充鉴定的申请。

第八十一条 国家安全机关收到重新鉴定或者补充鉴定的申请后，应当及时进行审查，经国家安全机关负责人批准，作出同意或者不同意的决定，并在三日以内书面通知申请人。

同一行政案件的同一事项重新鉴定以一次为限。违法嫌疑人是否申请重新或者补充鉴定，不影响案件的正常办理。

国家安全机关认为必要时，可以直接决定重新鉴定或者补充鉴定。

第八十二条 经审查，具有下列情形之一的，应当进行重新鉴定：

（一）鉴定程序违法或者违反相关专业技术要求，可能影响鉴定意见正确性；

（二）鉴定机构、鉴定人不具备鉴定资质和条件；

（三）鉴定意见明显依据不足；

（四）鉴定人故意作虚假鉴定；

（五）鉴定人应当回避而没有回避；

（六）检材虚假或者被损坏；

（七）其他应当重新鉴定的情形。

重新鉴定，国家安全机关应当另行指派或者聘请鉴定人。

第八十三条　经审查，具有下列情形之一的，应当进行补充鉴定：

（一）鉴定内容有明显遗漏；

（二）发现新的有鉴定意义的检材；

（三）对鉴定检材有新的鉴定要求；

（四）鉴定意见不完整，委托事项无法确定；

（五）其他需要补充鉴定的情形。

第四章　征用补偿

第八十四条　国家安全机关依照有关法律的规定，因紧急情况或者确有必要临时使用国家机关、人民团体、企业事业组织和其他社会组织以及个人的交通工具、通信工具、场地和建筑物等，可以采取征用措施。

第八十五条 征用应当以维护国家安全为限度，坚持合理征用、依法补偿。国家机关、人民团体、企业事业组织和其他社会组织以及个人应当执行征用决定，协助配合国家安全机关开展相关工作。

征用措施应当与防范、制止和惩治违法行为的需要和违法行为可能造成的危害相适应。有多种措施可供选择的，应当选择有利于最大程度保护有关个人和组织权益的措施。

第八十六条 国家安全机关采取征用措施，应当经国家安全机关负责人批准，制作征用决定书，并记录交接情况。

紧急情况下，国家安全机关执法人员经出示人民警察证或者侦察证，可以当场实施征用，在四十八小时以内补办手续。

第八十七条 国家安全机关应当妥善使用、管理被征用的交通工具、通信工具、场地和建筑物等。

第八十八条 国家安全机关对征用的交通工具、通信工具、场地和建筑物使用完毕后，应当及时返还被征用人，并参照本行政区域征用情况发生时租用同类物资、场所的市场价格，支付相应费用。

第八十九条 被征用物资、场所毁损的，能够恢复原状的恢复原状，不能恢复原状的，按照毁损程度给予补偿；被征用物资、场所灭失的，按照被征用时的市场价格给予补偿；征用物资、场所造成被征用单位停产停业的，补偿停产停业期间水、电、房租、人员工资等相应费用开支。对于被征用人的有关预期可得利益，根据征用的具体情况给予公平、合理的补偿。

第五章 行政处罚

第一节 一般规定

第九十条 行政案件由违法行为地的国家安全机关管辖。由违法行为人居住地国家安全机关管辖更为适宜的，可以由违法行为人居住地国家安全机关管辖。

第九十一条 违法行为地包括违法行为发生地和违法结果发生地。违法行为发生地，包括违法行为的实施地以及开始地、途经地、结束地等与违法行为有关的地点；违法行为有连续、持续或者继续状态的，违法行为连续、持续或者继续实施的地方都属于违法行为发生地。违法结果发生地，包括违法对象被侵害地、违法所得的实际取得地、藏匿地、转移地、使用地、销售地。

违法行为人的户籍所在地为其居住地。经常居住地与户籍所在地不一致的,经常居住地为其居住地。经常居住地是指违法行为人离开户籍所在地最后连续居住一年以上的地方,但在医院住院就医的除外。当事人户籍迁出后尚未落户,有经常居住地的,经常居住地为其居住地;没有经常居住地的,其原户籍所在地为其居住地。

单位登记的住所地为其居住地。主要营业地或者主要办事机构所在地与登记的住所地不一致的,主要营业地或者主要办事机构所在地为其居住地。

第九十二条 针对或者利用网络实施的违法行为,用于实施违法行为的网络服务使用的服务器所在地、网络接入地以及网站建立者或者管理者所在地,被侵害的网络及其运营者所在地,违法过程中违法行为人、被侵害人使用的网络及其运营者所在地,被侵害人被侵害时所在地,以及被侵害人财产遭受损失地国家安全机关可以管辖。

第九十三条 行驶中的交通工具上发生的行政案件,由案发后交通工具最初停靠地国家安全机关管辖;

必要时，始发地、途经地、到达地国家安全机关也可以管辖。

第九十四条　几个国家安全机关都有权管辖的行政案件，由最初立案的国家安全机关管辖。必要时，可以由主要违法行为地国家安全机关管辖。

第九十五条　对管辖发生争议的，应当协商解决，协商不成的，报请共同的上级国家安全机关指定管辖。

对于情况特殊的案件，上级国家安全机关可以直接办理或者指定管辖。

上级国家安全机关直接办理或者指定管辖的，应当书面通知被指定管辖的国家安全机关和其他有关的国家安全机关。

原受理案件的国家安全机关自收到上级国家安全机关书面通知之日起不再行使管辖权，并立即将案卷材料及相关涉案财物移送被指定管辖的国家安全机关或者办理的上级国家安全机关，及时书面通知当事人。

第九十六条　国家安全机关负责人、执法人员有下列情形之一的，应当自行提出回避申请，案件当事人及其法定代理人有权要求他们回避：

（一）是本案的当事人或者当事人近亲属；

（二）本人或者其近亲属与本案有利害关系；

（三）与本案当事人有其他关系，可能影响案件公正处理。

第九十七条 国家安全机关负责人、执法人员提出回避申请的，应当说明理由。

当事人及其法定代理人要求国家安全机关负责人、执法人员回避的，应当提出申请，并说明理由。口头提出申请的，国家安全机关应当记录在案。对当事人及其法定代理人提出的回避申请，国家安全机关应当在收到申请之日起二日以内作出决定并通知申请人。

国家安全机关负责人、执法人员具有应当回避的情形之一，本人没有申请回避，当事人及其法定代理人也没有申请其回避的，有权决定其回避的国家安全机关可以指令其回避。

第九十八条 执法人员的回避，由其所属的国家安全机关决定；国家安全机关负责人的回避，由上一级国家安全机关决定。

在国家安全机关作出回避决定前，执法人员不得停止对行政案件的调查。作出回避决定后，国家安全机关负责人、执法人员不得再参与该行政案件的调查和审核、审批工作。

鉴定人、翻译人员需要回避的，适用与执法人员相同的规定，由指派或者聘请的国家安全机关决定。

被决定回避的国家安全机关负责人、执法人员、鉴定人和翻译人员，在回避决定作出前所进行的与案件有关的活动是否有效，由作出回避决定的国家安全机关根据是否影响案件依法公正处理等情况决定。

第九十九条 国家安全机关在作出行政处罚决定前，应当告知违法嫌疑人拟作出的行政处罚内容及事实、理由、依据，并告知违法嫌疑人依法享有陈述、申辩、要求听证等权利。违法嫌疑人要求进行陈述、申辩，并提出事实、理由和证据，国家安全机关应当进行复核。单位违法的，应当告知其法定代表人、主要负责人或者其授权的人员。

第一百条 当事人有下列情形之一的，应当从轻或者减轻行政处罚：

（一）主动消除或者减轻违法行为危害后果的；

（二）受他人胁迫或者诱骗实施违法行为的；

（三）主动供述国家安全机关尚未掌握的违法行为的；

（四）主动投案，向国家安全机关如实陈述自己的违法行为的；

（五）配合国家安全机关查处违法行为有立功表

现的;

（六）法律、法规、规章规定其他应当从轻或者减轻行政处罚的。

第一百零一条 国家安全机关实施行政处罚，纠正违法行为，应当坚持处罚与教育相结合。

违法行为轻微并及时改正，没有造成危害后果的，不予行政处罚；初次违法且危害后果轻微并及时改正的，可以不予行政处罚。

当事人有证据足以证明没有主观过错的，不予行政处罚。法律、行政法规另有规定的，从其规定。

对当事人的违法行为依法不予行政处罚的，国家安全机关应当对当事人进行教育。

第一百零二条 不满十四周岁的人有违法行为的，不予行政处罚，但是应当责令其监护人严加管教，并在不予行政处罚决定书中载明；已满十四周岁不满十八周岁的人有违法行为的，应当从轻或者减轻行政处罚。

精神病人在不能辨认或者不能控制自己行为时有违法行为的，不予行政处罚，但应当责令其监护人严加看管和治疗，并在不予行政处罚决定书中载明。间歇性精神病人在精神正常时有违法行为的，应当给予行政处罚。尚未完全丧失辨认或者控制自己行为能力的精神病人有违法行为的，应当予以行政处罚，但可以从轻或者减轻行政处罚。

第一百零三条　国家安全机关移送人民检察院审查起诉的刑事案件，人民检察院作出不起诉决定，同时提出对被不起诉人给予行政处罚、处分或者没收违法所得、非法财物检察意见的，国家安全机关应当根据人民检察院提出的检察意见及时处理，并将处理结果及时通知人民检察院。

第一百零四条　国家安全机关办理刑事案件过程中，对依法不需要追究刑事责任或者免予刑事处罚，但应当给予行政处罚的，依照本规定办理。

刑事案件办理过程中收集、固定、调取的证据材料，可以作为行政案件的证据使用。

第一百零五条　国家安全机关依法向有关主管部门提出责令停止从事相关业务、提供相关服务、责令停产停业、吊销有关证照或者撤销登记等行政处理建议的，应当出具行政处理建议书。有关部门应当按照时限和要求，将作出处理的情况书面反馈国家安全机关。

第一百零六条　被处罚人对行政处罚决定不服申

请行政复议或者提起行政诉讼的,行政处罚决定不停止执行,但法律另有规定的除外。

当事人申请行政复议、提起行政诉讼的,加处罚款的数额在行政复议、行政诉讼期间不予计算。

第二节 简易程序

第一百零七条 违法事实确凿,且具有下列情形之一的,国家安全机关执法人员可以适用本节规定的简易程序,当场作出行政处罚决定:

(一)明知他人有危害国家安全行为,或者经国家安全机关明确告知他人有危害国家安全行为,在国家安全机关向其调查有关情况、收集有关证据时,拒绝提供,由国家安全机关予以警告的;

(二)故意阻碍国家安全机关依法执行任务,由国家安全机关予以警告的;

(三)依法有义务提供便利条件或者其他协助,拒不提供或者拒不协助,由国家安全机关予以警告的。

相关人员的违法行为属于《中华人民共和国行政处罚法》第三十三条规定不予处罚的情形的,不予行政处罚。

有违禁品的,应当现场做好相应处置。

第一百零八条 当场处罚，应当按照下列程序实施：

（一）向违法行为人出示人民警察证或者侦察证；

（二）收集证据；

（三）口头告知违法行为人拟作出行政处罚决定的事实、理由和依据，并告知违法行为人依法享有的陈述权和申辩权；

（四）充分听取违法行为人的陈述和申辩。违法行为人提出的事实、理由或者证据成立的，应当采纳；

（五）填写预定格式、编有号码的当场行政处罚决定书，当场交付当事人，并由当事人在当场行政处罚决定书上签字。当事人拒绝签字的，应当注明。

第一百零九条 适用简易程序处罚的，由二名国家安全机关执法人员作出行政处罚决定。

国家安全机关执法人员当场作出行政处罚决定的，应当于作出决定后的二日以内将当场行政处罚决定书存根报所属国家安全机关备案。在旅客列车、民航飞机、水上作出行政处罚决定的，应当在返回后的二日以内报所属国家安全机关备案。

第三节　普通程序

第一百一十条　国家安全机关对报案、控告、举报、群众扭送或者违法嫌疑人投案，其他行政机关、司法机关移送的案件，以及国家安全机关及其执法人员在维护国家安全工作中发现的违法行为，应当进行受案调查。

受案调查后，应当区分下列情形，分别作出处理：

（一）没有违法事实发生的，不予受案；

（二）对于属于本单位管辖范围内的案件，应当将受案回执送报案人、控告人、举报人、扭送人；

（三）对于属于国家安全机关职责范围，但不属于本单位管辖的，应当在二十四小时以内移送有管辖权的国家安全机关调查处理，需要立即采取相关控制或者处置措施的，应当依法及时采取必要的措施；

（四）对于不属于国家安全机关职责范围的事项，在接报案时能够当场判断的，应当立即口头告知报案人、控告人、举报人、扭送人、投案人向其他主管机关报案或者投案，当事人对口头告知内容有异议或者不能当场判断的，应当制作不予调查处理通知书，交报案人、控告人、举报人、扭送人、投案人，但因没有联系方式、身份不明等客观原因无法送达的除外，需要立即采取相关控制或者处置措施的，国家安全机关应当依法及时采取必要的措施。

第一百一十一条　有证据证明确有违法行为发生、应当依法给予行政处罚的，经国家安全机关负责人批准，应当制作立案决定书。

第一百一十二条　对违法行为事实清楚，证据确实充分的，应当依法适用普通程序予以行政处罚。

作出行政处罚前，国家安全机关应当依据法律、法规和本规定进行调查取证，查清违法行为事实，收集和固定相关证据。

第一百一十三条　国家安全机关应当自行政案件立案之日起九十日内作出行政处罚决定。案情复杂，确实无法在九十日内作出行政处罚决定的，经上一级国家安全机关负责人批准，可以延长九十日。

为了查明案情进行鉴定、确认的期间，不计入办案期限。

对因违法嫌疑人不明或者逃跑等客观原因造成案件在法定期限内无法作出行政处理决定的，国家安全机关应当继续进行调查取证，及时依法作出处理决定。

第一百一十四条　调查终结前，国家安全机关负责人应当对调查结果进行审查，根据不同情况，分别作出如下决定：

（一）确有违法行为，应当给予行政处罚的，根据其情节和危害后果的轻重，作出行政处罚决定；

（二）确有违法行为，但有依法不予行政处罚情形的，作出不予行政处罚决定；

（三）违法事实不能成立的，作出不予行政处罚决定；

（四）违法行为涉嫌构成犯罪的，转为刑事案件办理或者移送有权处理的主管机关、部门办理，国家安全机关已经作出行政处理决定的，应当附卷；

（五）发现违法行为人有其他违法行为的，在依法作出行政处罚决定的同时，通知有关行政主管部门处理。

对依照第一款第二项作出不予行政处罚决定的案件，国家安全机关应当加强对当事人的批评教育、指导督促，并责令其立即改正。

对已经依照第一款第三项作出不予行政处罚决定的案件，又发现新的证据的，应当依法及时调查；违法行为能够认定的，依法重新作出处理决定，并撤销原不予行政处罚决定。

对情节复杂或者重大违法行为给予较重的行政处罚，国家安全机关负责人应当集体讨论决定。

作出行政处罚决定的，应当制作行政处罚决定书。

行政处罚决定书必须盖有作出行政处罚决定的国家安全机关的印章。

第四节 听证程序

第一百一十五条 国家安全机关拟作出下列行政处罚决定，应当告知当事人有要求听证的权利：

（一）对个人处一万元以上罚款、对法人或者其他组织处十万元以上罚款；

（二）对个人处没收一万元以上违法所得或者非法财物、对法人或者其他组织处没收十万元以上违法所得或者非法财物；

（三）吊销许可证件；

（四）责令停止建设或者使用；

（五）法律、法规、规章规定的其他情形。

第一百一十六条 当事人申请听证的，应当在国家安全机关告知后五日以内提出。符合听证条件的，经国家安全机关负责人批准，书面告知听证申请人，及时组织听证；不符合听证条件，决定不予受理的，经国家安全机关负责人批准，书面告知听证申请人。

第一百一十七条　听证设主持人一名、记录人一名。必要时可以设听证员一至二名，协助主持人进行听证，本案调查人员不得担任听证的主持人、听证员或者记录人。

参加听证的人员包括：

（一）违法嫌疑人及其代理人；

（二）本案调查人员；

（三）证人、鉴定人、翻译人员；

（四）其他有关人员。

听证参加人和旁听人员应当遵守听证会场纪律，对不听制止，干扰听证正常进行的旁听人员，主持人可以责令其退场。

第一百一十八条　除涉及国家秘密、商业秘密或者个人隐私等依法予以保密的行政案件外，听证应当公开进行，并遵循以下程序要求：

（一）举行听证七日前将举行听证通知书送达听证申请人，将举行听证的时间、地点通知其他听证参加人，听证申请人不能按期参加听证的，可以申请延期；

（二）指定非本案调查人员主持听证，主持人与本案有直接利害关系的，应当回避；

（三）当事人可以亲自参加听证，也可以委托一至二名代理人参加听证，委托代理人参加听证的，应当在举行听证日前向国家安全机关提交委托人签名或者盖章的授权委托书及代理人的身份证明文件；

（四）听证申请人及其代理人在听证过程中申请通知新的证人作证，调取新的证据的，由主持人作出是否同意的决定；

（五）在听证中由调查人员提出当事人违法的事实、证据和行政处罚建议，当事人进行申辩和质证；

（六）听证应当制作笔录。笔录应当交当事人或者其代理人核对无误后签字或者盖章。当事人或者其代理人拒绝签字或者盖章的，由听证主持人在笔录中注明。

二个以上违法嫌疑人分别对同一行政案件提出听证要求的，可以合并举行。

同一行政案件中有二个以上违法嫌疑人，其中部分违法嫌疑人提出听证申请的，应当在听证举行后一并作出处理决定。

第一百一十九条 听证过程中，遇有下列情形之一，听证主持人可以中止听证：

（一）需要通知新的证人到会、调取新的证据或者需要重新鉴定或者勘验；

（二）因回避致使听证不能继续进行；

（三）其他需要中止听证的情形。

中止听证的情形消除后，听证主持人应当及时恢复听证。

第一百二十条　听证过程中，遇有下列情形之一，应当终止听证：

（一）听证申请人撤回听证申请；

（二）听证申请人及其代理人无正当理由拒不参加或者未经听证主持人许可中途退出听证；

（三）听证申请人死亡或者作为听证申请人的法人或者其他组织被撤销、解散；

（四）听证过程中，听证申请人或者其代理人扰乱听证秩序，不听劝阻，致使听证无法正常进行；

（五）其他需要终止听证的情形。

第一百二十一条　国家安全机关应当充分听取当事人的听证意见。当事人提出的听证意见及相关事实、理由、证据成立的，国家安全机关应当采纳。

听证结束后，国家安全机关应当根据听证笔录，依法作出决定。

第五节 执行程序

第一百二十二条 国家安全机关作出行政拘留处罚决定的,应当及时将处罚情况和执行场所或者依法不执行的情况通知被处罚人家属。

被处罚人拒不提供家属联系方式或者不讲真实姓名、住址,身份不明的,可以不予通知,但应当注明。

第一百二十三条 对被决定行政拘留的人,由作出决定的国家安全机关将其依法送达拘留所执行。

国家安全机关应当将行政处罚决定书和行政拘留执行回执送达拘留所,拘留所经办人填写行政拘留执行回执后,由送达人带回附卷。

第一百二十四条 对决定给予行政拘留处罚,在处罚前因同一行为已经被采取强制措施限制人身自由的时间应当折抵。限制人身自由一日,折抵执行行政拘留一日。

被采取强制措施限制人身自由的时间超过决定的行政拘留期限的,行政拘留决定不再执行,但不影响决定的法律效力。

第一百二十五条 被处罚人具有下列情形之一,依法应当给予行政拘留处罚的,作出处罚决定,但不送拘留所执行：

（一）已满十四周岁不满十六周岁；

（二）已满十六周岁不满十八周岁，初次实施危害国家安全的行为，且没有造成严重危害后果，但是曾被作出行政拘留处罚决定但依法不执行行政拘留或者曾被人民法院判决有罪的除外；

（三）七十周岁以上；

（四）怀孕或者正在哺乳自己婴儿的妇女。

第一百二十六条　国家安全机关依法对县级以上各级人民代表大会代表予以行政拘留的，应当按照《中华人民共和国全国人民代表大会和地方各级人民代表大会代表法》和有关规定办理。

第一百二十七条　境外人员实施危害中华人民共和国国家安全的活动，国家安全部依法作出限期出境或者驱逐出境决定的，由省级国家安全机关依照有关法律和规定执行。

外国人被处限期出境，未在规定期限内离境，需要遣送出境的，省级国家安全机关可以通知移民管理机构提供必要协助。

被遣送出境的外国人可以被遣送至下列国家或者地区：

（一）国籍国；

（二）入境前的居住国或者地区；

（三）出生地国或者地区；

（四）入境前的出境口岸的所属国或者地区；

（五）其他允许被遣送出境的外国人入境的国家或者地区。

第一百二十八条 除依法应当销毁的物品外，国家安全机关依法没收或者追缴的违法所得和非法财物，按照国家有关规定处理或者上缴国库。

罚款、没收或者追缴的违法所得、非法财物拍卖或者变卖的款项，全部上缴国库，不得以任何形式截留、私分或者变相私分。

第一百二十九条 当事人、利害关系人就涉案财物处置提出异议、投诉、举报的，国家安全机关应当依法及时受理并反馈处理结果。

善意第三人等案外人与涉案财物处理存在利害关系的，国家安全机关应当告知其相关诉讼权利，可以就财物处理提出异议。

第一百三十条 对应退还原主或者当事人的财物，国家安全机关应当通知原主或者当事人在六个月以内来领取。原主不明确的，应当采取公告方式告知原主认领。在通知原主、当事人六个月以内，无人认领的，按无主财物处理，登记后上缴国库，或者依法变卖或者拍卖后，将所得款项上缴国库。遇有特殊情况的，经设区的市级以上国家安全机关负责人批准，可适当延长处理期限，延长期限最长不超过三个月。

第一百三十一条　国家安全机关作出罚款决定，被处罚人应当自收到行政处罚决定书之日起十五日内依法缴纳罚款。

被处罚人未按本条第一款规定缴纳罚款的，每日按罚款数额的百分之三加处罚款，加处罚款总额不得超出罚款数额。被处罚人应当在三十日内缴纳加处罚款。

第一百三十二条　被处罚人确有经济困难的，应当向作出行政处罚决定的国家安全机关提出暂缓或分期缴纳罚款申请，填写暂缓分期缴纳罚款申请书，并同步提交相关证明材料。作出行政处罚决定的国家安全机关经过审核，认为情况属实、确有必要暂缓或分期缴纳罚款的，可以制作暂缓分期缴纳罚款决定书并通知被处罚人。被处罚人有缴纳能力、情况不实的，制作不予暂缓分期缴纳罚款决定书并通知被处罚人。

第一百三十三条　国家安全机关作出罚款行政处

罚决定后，被处罚人不履行缴纳罚款义务的，国家安全机关应当制作催告书，催告被处罚人履行义务。

被处罚人收到催告书后，有权进行陈述和申辩，国家安全机关应当充分听取并记录、复核。被处罚人提出的事实、理由或者证据成立的，国家安全机关应当采纳。

第一百三十四条　经催告，被处罚人无正当理由逾期仍不履行缴纳罚款义务，在法定期限内不申请行政复议或者提起行政诉讼的，依据《中华人民共和国行政强制法》强制执行。

第六章　期间与送达

第一百三十五条　期间以时、日、月、年计算的，期间开始之时或者日不计算在内。以月计算的，至下一月的同日为一月，没有同日的，至下一月最后一日为一月。法律文书送达的期间不包括路途上的时间。期间的最后一日是节假日的，以节假日后的第一日为期满日期，但违法行为人被限制人身自由的期间，应当至期满之日为止，不得因节假日而延长。

第一百三十六条　作出行政处罚、行政强制措施决定，应当在宣告后将决定书当场交付当事人，并由当事人签名或者捺指印，即为送达；当事人拒绝的，由执法人员注明；当事人不在场的，国家安全机关应当在作出决定的七日内将决定书送达当事人。

送达法律文书应当首先采取直接送达方式，交给受送达人本人；受送达人不在的，可以交付其成年家属、所在单位的负责人员或者其居住地居（村）民委员会代收。受送达人本人或者代收人拒绝接收或者拒绝签名和捺指印的，送达人可以邀请其邻居或者其他见证人到场，说明情况，也可以对拒收情况进行录音录像，把文书留在受送达人处，在附卷的法律文书上注明拒绝的事由、送达日期，由送达人、见证人签名或者捺指印，即视为送达。

无法直接送达的，委托其他国家安全机关代为送达或者邮寄送达。代为送达的，以在送达回执上的签收日期，为送达日期。邮寄送达的，以回执上注明的收件日期为送达日期。

经采取上述送达方式仍无法送达的，可以公告送达。公告的范围和方式应当便于公民知晓，公告期限不得少于三十日。公告送达，应当记明原因和经过。

第七章　附　　则

第一百三十七条　本规定所称的设区的市级国家安全机关，包括：

（一）直辖市、新疆生产建设兵团的国家安全分局；

（二）根据《中华人民共和国民族区域自治法》行使设区的市级以上地方国家机关职权的自治州的国家安全局；

（三）地市级盟市的国家安全局；

（四）不设区的地级市的国家安全局。

第一百三十八条　执行本规定所需要的法律文书式样，由国家安全部制定。

第一百三十九条　本规定所称"以上""以下""以内"，均包括本数或者本级。

第一百四十条　本规定自 2024 年 7 月 1 日起施行。

国家安全机关办理刑事案件程序规定

（2024年4月26日中华人民共和国国家安全部令第4号公布 自2024年7月1日起施行）

第一章 总 则

第一条 为了保障《中华人民共和国刑事诉讼法》的贯彻实施，保证国家安全机关在刑事诉讼中正确履行职权，规范办案程序，确保办案质量，提高办案效率，根据有关法律，制定本规定。

第二条 国家安全机关在刑事诉讼中的任务，是保证准确、及时地查明犯罪事实，正确应用法律，惩罚犯罪分子，保障无罪的人不受刑事追究，教育公民自觉遵守法律，积极同危害国家安全的犯罪行为作斗争，维护社会主义法制，尊重和保障人权，保护公民的人身权利、财产权利、民主权利和其他权利，维护国家主权、安全、发展利益，保障社会主义建设事业的顺利进行。

第三条　国家安全机关在刑事诉讼中的基本职权，是依照法律对危害国家安全的刑事案件立案、侦查、预审；决定、执行强制措施；对依法不追究刑事责任的不予立案，已经追究的撤销案件；对侦查终结应当起诉的案件，移送人民检察院审查决定；对不够刑事处罚的犯罪嫌疑人需要行政处理的，依法予以处理或者移送有关部门；对被判处有期徒刑，在被交付执行前剩余刑期在三个月以下的罪犯，由看守所代为执行刑罚；执行驱逐出境。

第四条　国家安全机关进行刑事诉讼，必须依靠群众，以事实为根据，以法律为准绳。对于一切公民，在适用法律上一律平等，在法律面前，不允许有任何特权。

第五条　国家安全机关进行刑事诉讼，同人民法院、人民检察院分工负责，互相配合，互相制约，以保证准确有效地执行法律。

第六条　国家安全机关进行刑事诉讼，依法接受人民检察院的法律监督。

第七条　国家安全机关办理刑事案件，应当与公安、保密、监狱等有关部门和军队有关部门加强协作，共同维护国家安全。

第八条　国家安全机关在刑事诉讼中，应当保障犯罪嫌疑人、被告人和其他诉讼参与人依法享有的辩护权和其他诉讼权利。

第九条　犯罪嫌疑人、被告人自愿如实供述自己的罪行，承认指控的犯罪事实，愿意接受处罚的，可以依法从宽处理。

第十条　国家安全机关办理刑事案件，应当重证据，重调查研究，不轻信口供，严格按照法律规定的证据裁判要求和标准收集、固定、审查、运用证据。严禁刑讯逼供和以暴力、威胁、引诱、欺骗以及其他非法方法收集证据，不得强迫任何人证实自己有罪。

第十一条　国家安全机关进行刑事诉讼，应当加强执法规范化建设，完善执法程序，严格执法责任，严格执行执法监督制度。

第十二条　国家安全机关办理刑事案件，应当向同级人民检察院提请批准逮捕、移送审查起诉。

第十三条　国家安全机关办理刑事案件，对于不通晓当地通用的语言文字的诉讼参与人，应当为他们提供翻译。

在少数民族聚居或者多民族杂居的地区，应当用当地通用的语言进行讯问。对外公布的诉讼文书，应当使用当地通用的文字。

第十四条　办理外国人犯罪案件，应当依照我国法律法规和有关规定，做好国籍确认、通知通报等工作，落实相关办案要求。

第十五条　国家安全机关及其工作人员在刑事诉讼中，应当严格依法办案，不得超越职权、滥用职权。

任何组织和人员对国家安全机关及其工作人员在刑事诉讼中超越职权、滥用职权和其他违法行为，都有权依法提出检举、控告。

第二章　管　　辖

第十六条　国家安全机关依照法律规定，办理危害国家安全的刑事案件。

第十七条　刑事案件由犯罪地的国家安全机关管辖。如果由犯罪嫌疑人居住地的国家安全机关管辖更为适宜的，可以由犯罪嫌疑人居住地国家安全机关管辖。

法律、司法解释或者其他规范性文件对有关犯罪案件的管辖作出特别规定的，从其规定。

第十八条　犯罪地包括犯罪行为发生地和犯罪结果发生地。犯罪行为发生地，包括犯罪行为的实施地以及预备地、开始地、途经地、结束地等与犯罪行为有关的地点；犯罪行为有连续、持续或者继续状态的，犯罪行为连续、持续或者继续实施的地方都属于犯罪行为发生地。犯罪结果发生地，包括犯罪对象被侵害地、犯罪所得的实际取得地、藏匿地、转移地、使用地、销售地。

犯罪嫌疑人的户籍地为其居住地。经常居住地与户籍地不一致的，经常居住地为其居住地。经常居住地是指公民离开户籍所在地最后连续居住一年以上的地方，但住院就医的除外。单位登记的住所地为其居住地。主要营业地或者主要办事机构所在地与登记的住所地不一致的，主要营业地或者主要办事机构所在地为其居住地。

第十九条　针对或者主要利用计算机网络实施的危害中华人民共和国国家安全的犯罪，用于实施犯罪行为的网络服务使用的服务器所在地，网络服务提供者所在地，被侵害的网络信息系统及其管理者所在地，以及犯罪过程中犯罪嫌疑人、被害人使用的网络信息系统所在地，被害人被侵害时所在地和被害人财产遭受损失地国家安全机关可以管辖。

第二十条 在行驶中的交通工具上实施危害中华人民共和国国家安全的犯罪的，由交通工具最初停靠地国家安全机关管辖；必要时，交通工具始发地、途经地、目的地国家安全机关也可以管辖。

第二十一条 中国公民在中国驻外外交机构内实施危害中华人民共和国国家安全的犯罪的，由其派出单位所在地或者原户籍地的国家安全机关管辖。

中国公民在中华人民共和国领域外实施危害中华人民共和国国家安全的犯罪的，由其登陆地、入境地、离境前居住地或者现居住地的国家安全机关管辖；被害人是中国公民的，也可以由被害人离境前居住地或者现居住地的国家安全机关管辖。

第二十二条 在中华人民共和国领域外的中国航空器内实施危害中华人民共和国国家安全的犯罪的，由该航空器在中国最初降落地的国家安全机关管辖。

第二十三条 在中华人民共和国领域外的中国船舶内实施危害中华人民共和国国家安全的犯罪的，由该船舶最初停泊的中国口岸所在地或者被告人登陆地、入境地的国家安全机关管辖。

第二十四条 在国际列车上实施危害中华人民共和国国家安全的犯罪的，根据我国与相关国家签订的协定确定管辖；没有协定的，由该列车始发或者前方停靠的中国车站所在地的国家安全机关管辖。

第二十五条 多个国家安全机关都有管辖权的案件，由最初受理的国家安全机关管辖。必要时，可以由主要犯罪地的国家安全机关管辖。

第二十六条 对于管辖不明确或者管辖有争议的案件，可以由有关国家安全机关协商。协商不成的，由共同的上级国家安全机关指定管辖。

对于情况特殊的案件，可以由共同的上级国家安全机关指定管辖。

跨省、自治区、直辖市犯罪案件具有特殊情况，由异地国家安全机关立案侦查更有利于查清犯罪事实、保证案件公正处理的，可以由国家安全部商最高人民检察院和最高人民法院指定管辖。

第二十七条 上级国家安全机关指定管辖的，应当将指定管辖决定书分别送达被指定管辖的国家安全机关和其他有关的国家安全机关。

原受理案件的国家安全机关，在收到上级国家安全机关指定其他国家安全机关管辖的决定书后，不再行使管辖权。

对于指定管辖的案件，需要逮捕犯罪嫌疑人的，由被指定管辖的国家安全机关依法提请人民检察院审查批准；需要提起公诉的，由该国家安全机关按照有关规定移送人民检察院办理。

第二十八条　国家安全机关在侦查过程中，发现具有下列情形之一的，可以在其职责范围内并案侦查：

（一）一人犯数罪的；

（二）共同犯罪的；

（三）共同犯罪的犯罪嫌疑人还实施其他犯罪的；

（四）多个犯罪嫌疑人实施的犯罪存在关联，并案侦查有利于查明案件事实的。

第二十九条　犯罪嫌疑人的犯罪行为涉及其他机关管辖的，国家安全机关应当按照有关规定与其他机关协调案件管辖。主罪属于国家安全机关管辖的，由国家安全机关为主侦查；主罪属于其他机关管辖的，由其他机关为主办理，国家安全机关予以配合。

第三章　回　　避

第三十条　国家安全机关负责人、侦查人员有下列情形之一的，应当自行提出回避申请，没有自行提出回避申请的，应当责令其回避，当事人及其法定代理人也有权要求他们回避：

（一）是本案的当事人或者是当事人的近亲属的；

（二）本人或者他的近亲属和本案有利害关系的；

（三）担任过本案的证人、鉴定人、辩护人、诉讼代理人的；

（四）与本案当事人有其他关系，可能影响公正处理案件的。

第三十一条　国家安全机关负责人、侦查人员不得有下列行为：

（一）违反规定会见本案当事人及其委托人；

（二）索取、接受本案当事人及其委托人的财物或者其他利益；

（三）接受本案当事人及其委托人的宴请，或者参加由其支付费用的活动；

（四）其他可能影响案件公正的不正当行为。

违反前款规定的，应当责令其回避并配合接受调查。当事人及其法定代理人有权要求其回避。

第三十二条　国家安全机关负责人、侦查人员自行提出回避申请的，应当提出书面申请，说明回避的理由。

当事人及其法定代理人要求国家安全机关负责人、侦查人员回避的，应当提出申请，并说明理由；口头提出回避申请的，国家安全机关应当记录在案。

第三十三条 侦查人员的回避，由国家安全机关负责人决定；国家安全机关负责人的回避，由同级人民检察院检察委员会决定。

第三十四条 当事人及其法定代理人对侦查人员提出回避申请的，国家安全机关应当在收到回避申请后五日以内作出决定并通知申请人。

当事人及其法定代理人对国家安全机关负责人提出回避申请的，国家安全机关应当及时将申请移送同级人民检察院。

第三十五条 当事人及其法定代理人对驳回申请回避的决定不服的，可以在收到驳回申请回避决定书后五日以内向作出决定的国家安全机关申请复议一次。

国家安全机关应当在收到复议申请后五日以内作出复议决定并书面通知申请人。

第三十六条 在作出回避决定前，申请或者被申请回避的国家安全机关负责人、侦查人员不得停止对案件的侦查。

作出回避决定后，申请或者被申请回避的国家安全机关负责人、侦查人员不得再参与本案的侦查工作。

第三十七条 被决定回避的国家安全机关负责人、侦查人员在回避决定作出以前所进行的诉讼活动是否有效，由作出决定的机关根据案件情况决定。

第三十八条 本章关于回避的规定适用于记录人、翻译人员和鉴定人。

前款人员需要回避的，由国家安全机关负责人决定。

第三十九条 辩护人、诉讼代理人可以依照本章的规定要求回避、申请复议。

第四章 律师参与刑事诉讼

第四十条 国家安全机关在第一次讯问犯罪嫌疑人或者对犯罪嫌疑人采取强制措施的时候，应当告知犯罪嫌疑人有权委托律师作为辩护人，并告知其如果因经济困难或者其他原因没有委托辩护律师的，本人及其近亲属可以向法律援助机构申请法律援助。告知的情形应当记录在案。

第四十一条 犯罪嫌疑人有权自行委托辩护律师。

犯罪嫌疑人在押的，也可以由其监护人、近亲属代为委托辩护律师。

犯罪嫌疑人委托辩护律师的请求可以书面提出，也可以口头提出。口头提出的，国家安全机关应当制作笔录，由犯罪嫌疑人签名、捺指印。

第四十二条　对于同案的犯罪嫌疑人委托同一名辩护律师的，或者两名以上未同案处理但实施的犯罪存在关联的犯罪嫌疑人委托同一名辩护律师的，国家安全机关应当要求犯罪嫌疑人更换辩护律师。

第四十三条　在押的犯罪嫌疑人向看守所提出委托辩护律师要求的，看守所应当及时将其请求转达给办案部门，办案部门应当及时向犯罪嫌疑人委托的辩护律师或者律师事务所转达该项请求。

在押的犯罪嫌疑人仅提出委托辩护律师的要求，但提不出具体对象的，应当提供监护人或者近亲属的联系方式。办案部门应当及时通知犯罪嫌疑人的监护人、近亲属代为委托辩护律师，无法通知的，应当告知犯罪嫌疑人。犯罪嫌疑人无监护人或者近亲属的，办案部门应当及时通知当地律师协会或者司法行政机关为其推荐辩护律师。

第四十四条　国家安全机关收到在押的犯罪嫌疑

人提出的法律援助申请后,应当在二十四小时以内将其申请转交所在地的法律援助机构,并在三日以内通知申请人的法定代理人、近亲属或者其委托的其他人员协助向法律援助机构提供相关材料。因申请人原因无法通知其法定代理人、近亲属或者其委托的其他人员的,应当在转交申请时一并告知法律援助机构。

犯罪嫌疑人拒绝法律援助机构指派的律师作为辩护人或者自行委托辩护人的,国家安全机关应当在三日以内通知法律援助机构。对于应当通知辩护的案件,犯罪嫌疑人、被告人拒绝法律援助机构指派的律师为其辩护的,国家安全机关应当查明原因。理由正当的,应当允许,但犯罪嫌疑人应当在五日以内另行委托辩护人;犯罪嫌疑人未另行委托辩护人的,国家安全机关应当在三日以内通知法律援助机构另行指派律师为其提供辩护。

第四十五条 符合下列情形之一,犯罪嫌疑人没有委托辩护人的,国家安全机关应当自发现该情形之日起三日以内制作法律援助通知书,通知法律援助机构为犯罪嫌疑人指派辩护律师:

(一)犯罪嫌疑人是未成年人;

(二)犯罪嫌疑人是视力、听力、言语残疾人;

（三）犯罪嫌疑人是不能完全辨认自己行为的成年人；

（四）犯罪嫌疑人可能被判处无期徒刑、死刑；

（五）法律法规规定的其他人员。

第四十六条 犯罪嫌疑人、被告人入所羁押时没有委托辩护人，法律援助机构也没有指派律师提供辩护的，看守所应当告知其有权约见值班律师，获得法律咨询、程序选择建议、申请变更强制措施、对案件处理提出意见等法律帮助，并为犯罪嫌疑人、被告人约见值班律师提供便利。

犯罪嫌疑人、被告人没有委托辩护人并且不符合法律援助机构指派律师为其提供辩护的条件，要求约见值班律师的，国家安全机关应当按照有关规定及时通知法律援助机构安排。

值班律师应约会见在押的危害国家安全犯罪、恐怖活动犯罪案件犯罪嫌疑人的，应当经国家安全机关许可。

第四十七条 辩护律师接受犯罪嫌疑人委托或者法律援助机构的指派后，应当及时告知国家安全机关并出示律师执业证书、律师事务所证明和委托书或者法律援助公函。

第四十八条 在押的犯罪嫌疑人提出解除委托关系的,办案部门应当要求其出具或签署书面文件,并在三日以内转交受委托的律师或者律师事务所。辩护律师要求会见在押的犯罪嫌疑人,当面向其确认解除委托关系的,经办案部门许可,看守所应当安排会见;但犯罪嫌疑人书面拒绝会见的,看守所应当将有关书面材料转交辩护律师,不予安排会见。

在押的犯罪嫌疑人的监护人、近亲属解除代为委托辩护律师关系的,经犯罪嫌疑人同意,并经办案部门许可,看守所应当允许新代为委托的辩护律师会见,由犯罪嫌疑人确认新的委托关系。

第四十九条 国家安全机关应当保障辩护律师在侦查阶段依法从事下列执业活动:

(一)向国家安全机关了解犯罪嫌疑人涉嫌的罪名和案件有关情况,提出意见;

(二)与犯罪嫌疑人会见和通信,向犯罪嫌疑人了解案件有关情况;

(三)为犯罪嫌疑人提供法律帮助、代理申诉、控告;

(四)为犯罪嫌疑人申请变更强制措施。

第五十条 辩护律师向国家安全机关了解犯罪嫌

疑人涉嫌的罪名以及当时已查明的该罪的主要事实，犯罪嫌疑人被采取、变更、解除强制措施的情况，国家安全机关延长侦查羁押期限等情况的，国家安全机关应当依法及时告知。

国家安全机关作出移送审查起诉决定的，应当依法及时告知辩护律师。

第五十一条 对于危害国家安全犯罪、恐怖活动犯罪案件，在侦查期间辩护律师会见在押或者被监视居住的犯罪嫌疑人，应当经国家安全机关许可。办案部门在将犯罪嫌疑人送看守所羁押或者交付执行监视居住时，应当通知看守所或者监视居住执行机关凭国家安全机关的许可决定安排律师会见事项。

第五十二条 辩护律师在侦查期间要求会见危害国家安全犯罪、恐怖活动犯罪在押或者被监视居住的犯罪嫌疑人时，应当向国家安全机关提出申请，填写会见犯罪嫌疑人申请表，国家安全机关应当依法及时审查辩护律师提出的会见申请，在三日以内将是否许可的决定书面答复辩护律师，并告知联系人员及方式。

第五十三条 国家安全机关许可会见的，应当向辩护律师出具许可会见犯罪嫌疑人决定书；看守所或者监视居住执行机关在查验律师执业证书、律师事务所证明和委托书或者法律援助公函，以及许可会见犯罪嫌疑人决定书后，应当及时安排会见，能当时安排的，应当当时安排；不能当时安排的，看守所或者监视居住执行机关应当向辩护律师说明情况，并保证辩护律师在四十八小时以内会见到在押或者被监视居住的犯罪嫌疑人，同时通知办案部门。

第五十四条 国家安全机关因有碍侦查而不许可会见的，应当书面通知辩护律师，并说明理由。有碍侦查的情形消失后，应当许可会见，并及时通知看守所或者监视居住执行机关和辩护律师。

有下列情形之一的，属于本条规定的"有碍侦查"：

（一）可能毁灭、伪造证据，干扰证人作证或者串供的；

（二）可能引起犯罪嫌疑人自残、自杀或者逃跑的；

（三）可能引起同案犯逃避、妨碍侦查的；

（四）犯罪嫌疑人的家属与犯罪有牵连的。

第五十五条 看守所或者监视居住执行机关安排辩护律师会见，不得附加其他条件或者变相要求辩护律师提交法律规定以外的其他文件、材料，不得以未收到办案部门通知为由拒绝安排辩护律师会见。

预约会见，应当由辩护律师本人进行。

第五十六条　犯罪嫌疑人委托两名律师担任辩护人的，两名辩护律师可以共同会见，也可以单独会见。辩护律师可以带一名律师助理协助会见。助理人员随同辩护律师参加会见的，应当在提出会见申请时一并提出，并在参加会见时出示律师事务所证明和律师执业证书或申请律师执业人员实习证。国家安全机关应当核实律师助理的身份。

第五十七条　辩护律师会见在押或者被监视居住的犯罪嫌疑人需要翻译人员随同参加的，应当提前向国家安全机关提出申请，并提交翻译人员身份证明及其所在单位出具的证明。国家安全机关应当及时审查并在三日以内作出是否许可的决定。许可翻译人员参加会见的，应当向辩护律师出具许可翻译人员参与会见决定书，并通知看守所或者监视居住执行机关。不许可的，应当向辩护律师书面说明理由，并通知其更换。

依法应当予以回避、正在被执行刑罚或者依法被剥夺、限制人身自由的人员，不得担任翻译人员。

翻译人员应当持国家安全机关许可决定书和本人身份证明，随同辩护律师参加会见。

第五十八条　辩护律师会见在押或者被监视居住

的犯罪嫌疑人时，看守所或者监视居住执行机关应当采取必要的管理措施，保障会见安全顺利进行。

辩护律师会见犯罪嫌疑人时，国家安全机关不得监听，不得派员在场。

第五十九条　辩护律师会见在押或者被监视居住的犯罪嫌疑人，不得违反规定为犯罪嫌疑人传递违禁品、药品、纸条等物品，不得将通讯工具交给犯罪嫌疑人使用。

辩护律师会见在押或者被监视居住的犯罪嫌疑人时，应当遵守法律和会见场所的有关规定。违反法律或者会见场所的有关规定及前款要求的，看守所或者监视居住执行机关应当制止。对于严重违反规定或者不听劝阻的，可以终止本次会见，暂扣传递物品、通讯工具，及时通报该辩护律师所在的律师事务所、所属的律师协会以及司法行政机关。

第六十条　辩护律师可以同在押或者被监视居住的犯罪嫌疑人通信。

第六十一条　辩护律师提交与案件有关材料的，国家安全机关应当当面了解辩护律师提交材料的目的、材料的来源和主要内容等有关情况并出具回执。辩护律师应当提交材料原件，提交材料原件确有困难的，经国家安全机关准许，也可以提交复印件，经与原件核对无误后由辩护律师签名确认。

第六十二条　对于辩护律师提供的犯罪嫌疑人不在犯罪现场、未达到刑事责任年龄、属于依法不负刑事责任的精神病人的证据，国家安全机关应当进行核实，有关证据应当附卷。

第六十三条　案件侦查终结前，辩护律师提出要求的，国家安全机关应当听取辩护律师的意见，并记录在案。听取辩护律师意见的笔录、辩护律师提出犯罪嫌疑人无罪或者依法不应追究刑事责任的意见，或者提出证据材料的，国家安全机关应当依法予以核实。辩护律师提出书面意见的，应当附卷。

第六十四条　辩护律师对在执业活动中知悉的委托人的有关情况和信息，有权予以保密。但是，辩护律师在执业活动中知悉委托人或者其他人，准备或者正在实施危害国家安全、公共安全以及严重危害他人人身安全的犯罪的，应当及时告知有关司法机关；辩护律师告知国家安全机关的，国家安全机关应当接受。对于不属于自己管辖的，应当及时移送有管辖权的机关处理。

国家安全机关应当为反映情况的辩护律师保密。

第六十五条　辩护律师在侦查期间发现案件有关证据存在刑事诉讼法第五十六条规定的情形，向国家安全机关申请排除非法证据的，国家安全机关应当听取辩护律师的意见，按照法定程序审查核实相关证据，并依法决定是否予以排除。

第六十六条　辩护律师认为国家安全机关及其工作人员明显违反法律规定、阻碍律师依法履行辩护职责、侵犯律师执业权利，向该国家安全机关或者其上一级国家安全机关投诉的，受理投诉的国家安全机关应当及时调查。辩护律师要求当面反映情况的，国家安全机关应当及时安排、当面听取辩护律师的意见。经调查情况属实的，应当依法立即纠正，及时答复辩护律师，做好说明解释工作，并将处理情况通报其所在地司法行政机关或者所属的律师协会。

第六十七条　国家安全机关对辩护律师提出的投诉、申诉、控告，经调查核实后要求有关办案部门予以纠正，办案部门拒不纠正或者累纠累犯的，应当依照有关规定调查处理，相关责任人构成违纪的，给予纪律处分。

第六十八条　辩护律师或者其他任何人帮助犯罪嫌疑人隐匿、毁灭、伪造证据或者串供，或者威胁、引诱证人作伪证以及进行其他干扰国家安全机关侦查活动的行为，涉嫌犯罪的，应当由办理辩护律师所承办案件的国家安全机关报请上一级国家安全机关指定其他国家安全机关立案侦查，或者由上一级国家安全机关立案侦查。不得指定办理辩护律师所承办案件的国家安全机关的下级国家安全机关立案侦查。国家安全机关依法对涉嫌犯罪的辩护律师采取强制措施后，应当在四十八小时以内通知其所在的律师事务所或者所属的律师协会。

国家安全机关发现辩护律师在刑事诉讼中违反法律、法规或者执业纪律的，应当及时向其所在的律师事务所、所属的律师协会以及司法行政机关通报。

第五章　证　据

第六十九条　可以用于证明案件事实的材料，都是证据。

证据包括：

（一）物证；

（二）书证；

（三）证人证言；

（四）被害人陈述；

（五）犯罪嫌疑人供述和辩解；

（六）鉴定意见；

（七）勘验、检查、辨认、搜查、查封、扣押、提取、侦查实验等笔录；

（八）视听资料、电子数据。

证据必须经过查证属实，才能作为定案的根据。

第七十条 国家安全机关必须依照法定程序，全面、客观、及时收集能够证实犯罪嫌疑人有罪或者无罪、犯罪情节轻重的各种与案件有关的证据。必须保证一切与案件有关或者了解案情的公民，有客观地充分地提供证据的条件，除特殊情况外，可以吸收他们协助调查。

第七十一条 国家安全机关提请批准逮捕书、起诉意见书必须忠实于事实真相。故意隐瞒事实真相的，应当依法追究责任。

第七十二条 国家安全机关有权向有关单位和个人收集、调取证据，并告知其应当如实提供证据。

对于伪造、隐匿或者毁灭证据的，应当追究其法律责任。

第七十三条 对涉及国家秘密、商业秘密、个人隐私的证据，应当保密。记录、存储、传递、查阅、摘抄、复制相关证据时，应当采取必要的保密措施，保护证据的具体内容和来源。

第七十四条　国家安全机关在行政执法和查办案件过程中收集的物证、书证、视听资料、电子数据等证据材料，在刑事诉讼中可以作为证据使用。

国家安全机关接受或者依法调取的其他行政机关在行政执法和查办案件过程中收集的物证、书证、视听资料、电子数据等证据材料，经国家安全机关审查符合法定要求的，在刑事诉讼中可以作为证据使用。根据法律、行政法规规定行使国家行政管理职权的组织，在行政执法和查办案件过程中收集的证据材料，视为行政机关收集的证据材料。

第七十五条　国家安全机关向有关单位和个人调取证据时，应当经国家安全机关负责人批准，开具调取证据通知书，明确调取的证据和提供时限。被调取单位及其经办人、持有证据的个人应当在通知书回执上盖章或者签名。必要时，应当采用录音录像方式固定证据内容及取证过程。

第七十六条　国家安全机关调取证据时，应当会同证据的持有人或者保管人查点清楚，当场制作调取证据清单一式三份，由侦查人员、证据持有人或者保管人签名，一份交证据持有人或者保管人，一份附卷备查，一份交物证保管人。

调取证据的侦查人员不得少于二人。

第七十七条　收集、调取的物证应当是原物。原物不便搬运、不易保存或者依法应当由有关部门保管、处理或者依法应当返还时，可以拍摄或者制作足以反映原物外形、特征或者内容的照片、录像或者复制品。

物证的照片、录像或者复制品，经与原物核实无误，或者经鉴定证明为真实的，或者以其他方式确能证明其真实的，可以作为证据使用。原物的照片、录像或者复制品，不能反映原物的外形、特征或者内容的，不能作为证据使用。

第七十八条　收集、调取的书证、视听资料应当是原件。取得原件确有困难时，可以使用副本或者复制件。

书证、视听资料的副本、复制件，经与原件核实无误或者经鉴定证明为真实的，或者以其他方式确能证明其真实的，可以作为证据使用。书证、视听资料有更改或者更改迹象，不能作出合理解释的，或者书证、视听资料的副本、复制件不能反映原件及其内容的，不能作为证据使用。

根据本规定开展调查核实过程中收集、提取的电子数据，以及通过网络在线提取的电子数据，可以作为证据使用。

对作为证据使用的电子数据，应当采取扣押、封存电子数据原始存储介质，计算电子数据完整性校验值，制作、封存电子数据备份，对收集、提取电子数据的相关活动进行录像等方法保护电子数据的完整性。

第七十九条　收集、调取的物证、书证等实物证据需要鉴定的，应当及时送检。

第八十条　电子数据是案件发生过程中形成的，以数字化形式存储、处理、传输的，能够证明案件事实的数据。电子数据包括但不限于下列信息、电子文件：

（一）网页、博客、微博客、朋友圈、贴吧、网盘等网络平台发布的信息；

（二）手机短信、电子邮件、即时通信、通讯群组等网络应用服务的通信信息；

（三）用户注册信息、身份认证信息、电子交易记录、通信记录、登录日志等信息；

（四）文档、图片、音视频、数字证书、程序、计算机网络设备运行日志记录等电子文件。

第八十一条　收集、提取电子数据，应当由二名以上侦查人员进行。取证设备和方法、过程应当符合相关技术标准和工作规范，并保证所收集、调取的电子数据的完整性、客观性。

收集、提取电子数据，应当由符合条件的人员担任见证人。针对同一现场多个计算机信息系统收集、提取电子数据的，可以由一名见证人见证。由于客观原因无法由符合条件的人员担任见证人的，应当在笔录中注明情况，并对相关活动进行录像。

第八十二条　收集、调取电子数据，能够扣押电子数据原始存储介质的，应当对原始存储介质予以封存，不得对电子数据的内容进行剪裁、拼凑、篡改、添加。扣押、封存原始存储介质，并制作笔录，记录原始储存介质的封存状态，由侦查人员、原始存储介质持有人签名或者盖章；持有人无法签名、盖章或者拒绝签名、盖章的，应当在笔录中注明，由见证人签名或者盖章。侦查人员可以采取打印、拍照或者录音录像等方式固定相关证据。

扣押原始存储介质时，应当收集证人证言以及犯罪嫌疑人供述和辩解等与原始存储介质相关联的证据材料，并在笔录中记录。

封存前后应当拍摄被封存原始存储介质的照片，清晰反映封口或者张贴封条处的状况。封存后，应当保证在不解除封存状态的情况下，无法使用或者启动被封存的原始存储介质。必要时，具备数据信息存储功能的电子设备和硬盘、存储卡等内部存储介质，可以分别封存。封存手机等具有无线通信功能的存储介质，应当采取信号屏蔽、信号阻断或者切断电源等措施。

第八十三条 具有下列情形之一，无法扣押原始存储介质的，可以现场提取电子数据：

（一）原始存储介质不便封存的；

（二）提取计算机内存存储的数据、网络传输的数据等不是存储在存储介质上的电子数据的；

（三）案件情况紧急，不立即提取电子数据可能会造成电子数据灭失或者其他严重后果的；

（四）关闭电子设备会导致重要信息系统停止服务的；

（五）需通过现场提取电子数据排查可疑存储介质的；

（六）正在运行的计算机信息系统功能或者应用程序关闭后，没有密码无法提取的；

（七）原始存储介质位于境外的；

（八）其他无法扣押原始存储介质的情形。

无法扣押原始存储介质的情形消失后，应当及时扣押、封存原始存储介质。

第八十四条 现场提取电子数据，应当在笔录中注明不能扣押原始存储介质的原因、原始存储介质的存放地点或者电子数据来源等情况，并计算电子数据的完整性校验值，由侦查人员、电子数据持有人、提供人签名或者盖章；持有人、提供人无法签名或者拒绝签名的，应当在笔录中注明，由见证人签名或者盖章。侦查人员可以采取打印、拍照或者录音录像等方式固定相关证据。

第八十五条 现场提取电子数据，可以采取以下措施保护相关电子设备：

（一）及时将犯罪嫌疑人或者其他相关人员与电子设备分离；

（二）在未确定是否易丢失数据的情况下，不能关闭正在运行状态的电子设备；

（三）对现场计算机信息系统可能被远程控制的，

应当及时采取信号屏蔽、信号阻断、断开网络连接等措施；

（四）保护电源稳定运行；

（五）有必要采取的其他保护措施。

现场提取电子数据，应当在有关笔录中详细、准确记录相关操作，不得将提取的数据存储在原始存储介质中，不得在目标系统中安装新的应用程序。确因情况特殊，需在目标系统中安装新的应用程序的，应当在笔录中记录所安装的程序及安装原因。对提取的电子数据进行数据压缩的，应当在笔录中注明数据压缩的方法和压缩后文件的完整性校验值。

第八十六条　对无法扣押的原始存储介质，无法一次性完成电子数据提取的，经登记、拍照或者录像后，可以封存并交其持有人、提供人保管。

电子数据持有人、提供人应当妥善保管原始存储介质，不得转移、变卖、毁损，不得解除封存状态，不得未经国家安全机关批准接入网络，不得对其中可能用作证据的电子数据增加、删除、修改。必要时，应当按照国家安全机关的要求，保持网络信息系统处于开机状态。

对由电子数据持有人、提供人保管的原始存储介质，应当在七日以内作出处理决定，逾期不作出处理决定的，视为自动解除。经查明确实与案件无关的，应当在三日内解除。

第八十七条　网络在线提取时需要进一步查明有关情形的，可以进行网络远程勘验。网络远程勘验应当由符合条件的人员作为见证人，并按规定进行全程同步录音录像。由于客观原因无法由符合条件的人员担任见证人的，应当在远程勘验笔录中注明情况。

全程同步录音录像可以采用屏幕录音录像或者录像机录音录像等方式，录音录像文件应当计算完整性校验值并记入笔录。

网络远程勘验结束后，应当制作远程勘验笔录，详细记录远程勘验有关情况以及勘验照片、截获的屏幕截图等内容，由侦查人员和见证人签名或盖章。对计算机信息系统进行多次远程勘验的，在制作首次远程勘验笔录后，应当逐次制作补充的远程勘验笔录。

第八十八条　国家安全机关向有关单位和个人调取电子数据，应当经国家安全机关负责人批准，开具调取证据通知书，注明需要调取电子数据的相关信息，通知电子数据持有人、网络服务提供者或者有关部门执行。被调取单位、个人应当在通知书回执上签名或者盖章，并附完整性校验值等保护电子数据完整性方法的说明。必要时，国家安全机关应当对采用录音或者录像等方式固定证据内容及取证过程提出要求，电子数据持有人、网络服务提供者或者有关部门应当予以配合。

第八十九条　对扣押的原始存储介质或者提取的电子数据，可以通过搜索、恢复、破解、统计、关联、比对等方式进行电子数据检查。

电子数据检查，应当对电子数据存储介质拆封过程进行全程录像，并将电子数据存储介质通过写保护设备接入到检查设备进行检查，或者制作电子数据备份，对备份进行检查。无法使用写保护设备且无法制作备份的，应当注明原因，并对相关活动进行全程录像。

检查具有无线通信功能的原始存储介质，应当采取信号屏蔽、信号阻断或者切断电源等措施保护电子数据的完整性。

电子数据检查应当制作笔录，由有关人员签名或者盖章。

第九十条　进行电子数据侦查实验，应当采取技术措施保护原始存储介质数据的完整性。有条件的，电子数据侦查实验应当进行二次以上。侦查实验使用的电子设备、网络环境等应当与实施犯罪行为的现场情况一致或者基本一致。电子数据侦查实验不得泄露国家秘密、工作秘密、商业秘密和公民个人信息。

进行电子数据侦查实验，应当使用拍照、录像、录音、通信数据采集等一种或者多种方式客观记录实验过程，并制作笔录，由参加侦查实验的人员签名或者盖章。

第九十一条　收集电子数据应当制作笔录，记录案由、对象、内容、收集、提取电子数据的时间、地点、方法、过程，并由收集、提取电子数据的侦查人员签名或者盖章。

制作电子数据的清单应包括规格、类别、文件格式、完整性校验值等。

远程提取电子数据的，应当说明原因，制作远程勘验笔录并注明相关情况，可以对相关活动进行录像。

第九十二条　具有下列情形之一的，可以采取打印、拍照或者录像等方式固定相关证据，并在笔录中说明原因：

（一）无法扣押原始存储介质且无法提取电子数据的；

(二) 存在电子数据自毁功能或装置，需要及时固定相关证据的；

(三) 需现场展示、查看相关电子数据的；

(四) 由于其他客观原因无法或者不宜收集、提取电子数据的。

第九十三条 收集、提取的原始存储介质或者电子数据，应当以封存状态随案移送，并制作电子数据的备份一并移送。对网页、文档、图片等可以直接展示的电子数据，可以不随案移送电子数据打印件；人民法院、人民检察院因设备等条件限制无法直接展示电子数据的，国家安全机关应当随案移送打印件，或者附展示工具和展示方法说明。

对侵入、非法控制计算机信息系统的程序、工具以及计算机病毒等无法直接展示的电子数据，应当附有电子数据属性、功能等情况的说明。

对数据统计量、数据同一性等问题，应当出具说明。

第九十四条 国家安全机关采取技术侦查措施收集的物证、书证及其他证据材料，侦查人员应当制作相应的说明材料，写明获取证据的时间、地点、数量、特征以及采取技术侦查措施的批准机关、种类等，并签名和盖章。

对于使用技术侦查措施获取的证据材料，如果可能危及特定人员的人身安全或者可能产生其他严重后果的，应当采取不暴露有关人员身份和使用的技术设备、技术方法等保护措施。必要时，可以由审判人员在庭外对证据进行核实。

第九十五条 物证的照片、录像或者复制品，书证的副本、复制件，视听资料、电子数据的复制件，应当由二名以上侦查人员制作，并附文字说明，载明复制份数，无法调取原件、原物的原因，制作过程及原件、原物存放处等内容，由制作人和持有人或者保管人、见证人签名。

第九十六条 国家安全机关办理刑事案件需要查明的案件事实包括：

（一）犯罪行为是否存在；

（二）实施犯罪行为的时间、地点、手段、后果以及其他情节；

（三）犯罪行为是否为犯罪嫌疑人所实施；

（四）犯罪嫌疑人的身份、年龄；

（五）犯罪嫌疑人实施犯罪行为的动机、目的；

（六）犯罪嫌疑人的责任以及与其他同案人的

关系；

（七）犯罪嫌疑人有无法定或者酌定从重、从轻、减轻、免除处罚的情节；

（八）其他与案件有关的事实。

第九十七条 国家安全机关移送审查起诉的案件，应当做到犯罪事实清楚，证据确实、充分。

证据确实、充分，应当符合以下条件：

（一）认定的案件事实都有证据证明；

（二）认定案件事实的证据均经法定程序查证属实；

（三）综合全案证据，对所认定事实已排除合理怀疑。

对证据的审查，应当结合案件的具体情况，从各证据与待证事实的关联程度、各证据之间的联系等方面进行审查判断。

只有犯罪嫌疑人供述，没有其他证据的，不能认定案件事实；没有犯罪嫌疑人供述，证据确实、充分的，可以认定案件事实。

第九十八条 采取刑讯逼供等非法方法收集的犯罪嫌疑人供述和采用暴力、威胁等非法方法收集的证人证言、被害人陈述，应当依法予以排除。

收集物证、书证、视听资料、电子数据不符合法定程序，可能严重影响司法公正的，应当予以补正或者作出合理解释；不能补正或者作出合理解释的，对该证据应当依法予以排除。

在侦查阶段发现有应当排除的证据的，经国家安全机关负责人批准，应当依法予以排除，不得作为提请批准逮捕、移送审查起诉的依据。对排除情况应当记录在案，并说明理由。

人民检察院要求国家安全机关对物证、书证进行补正或者作出合理解释的，或者要求对证据收集的合法性进行说明的，国家安全机关应当予以补正或者作出书面说明。

第九十九条 人民法院认为现有证据材料不能说明证据收集的合法性，通知有关侦查人员或者其他人员出庭说明情况的，有关侦查人员或者其他人员应当出庭。必要时，有关侦查人员或者其他人员也可以要求出庭说明情况。侦查人员或者其他人员出庭，应当向法庭说明证据收集过程，并就相关情况接受发问。

经人民法院通知，人民警察应当就其执行职务时目击的犯罪情况出庭作证。

本条第一款、第二款规定的出庭作证的人员，适用证人保护的有关措施。

第一百条　凡是知道案件情况的人，都有作证的义务。

生理上、精神上有缺陷或者年幼，不能辨别是非、不能正确表达的人，不能作为证人。

对于证人能否辨别是非，能否正确表达，必要时可以进行审查或者鉴别。

第一百零一条　国家安全机关应当保障证人、鉴定人及其近亲属的安全。

对证人、鉴定人及其近亲属进行威胁、侮辱、殴打或者打击报复，构成犯罪的，依法追究刑事责任；尚不构成犯罪的，依照有关法律法规追究责任。

第一百零二条　对于危害国家安全犯罪、恐怖活动犯罪等案件，证人、鉴定人、被害人及其近亲属的人身安全面临危险的，国家安全机关应当采取以下一项或者多项保护措施：

（一）不公开真实姓名、住址、通讯方式和工作单位等个人信息；

（二）禁止特定的人员接触证人、鉴定人、被害人及其近亲属；

（三）对人身和住宅采取专门性保护措施；

（四）将被保护人带到安全场所保护；

(五) 变更被保护人的住所和姓名；

(六) 其他必要的保护措施。

证人、鉴定人、被害人认为因在诉讼中作证，本人或者近亲属的人身安全面临危险，向国家安全机关请求予以保护，国家安全机关经审查认为确有必要采取保护措施的，应当采取上述一项或者多项保护措施。

国家安全机关依法采取保护措施，可以要求有关单位和个人配合。

案件移送审查起诉时，国家安全机关应当将采取保护措施的相关情况一并移交人民检察院。

第一百零三条 国家安全机关依法决定不公开证人、鉴定人、被害人的真实姓名、住址、通讯方式和工作单位等个人信息的，可以在起诉意见书、询问笔录等法律文书、证据材料中使用化名等代替证人、鉴定人、被害人的个人信息。但是，应当另行书面说明使用化名的情况并标明密级，单独成卷。

第一百零四条 证人、鉴定人、被害人及其近亲属保护工作所必需的人员、经费、装备等，应当予以保障。

证人因履行作证义务而支出的交通、住宿、就餐等费用，应当给予补助。

第六章　强制措施

第一节　拘　　传

第一百零五条　国家安全机关根据案件情况对需要拘传的犯罪嫌疑人，或者经过传唤没有正当理由不到案的犯罪嫌疑人，可以拘传到其所在市、县内的指定地点进行讯问。

第一百零六条　拘传犯罪嫌疑人，应当经国家安全机关负责人批准，制作拘传证。

执行拘传时，应当向被拘传的犯罪嫌疑人出示拘传证，并责令其签名、捺指印。

被拘传人到案后，应当责令其在拘传证上填写到案时间。拘传结束后，应当责令其在拘传证上填写拘传结束时间。

执行拘传的侦查人员不得少于二人。

第一百零七条　拘传持续的时间不得超过十二小时；案情特别重大、复杂，需要采取拘留、逮捕措施的，经国家安全机关负责人批准，拘传持续的时间不得超过二十四小时。不得以连续拘传的形式变相拘禁犯罪嫌疑人。

第一百零八条 需要对被拘传人变更为其他强制措施的，国家安全机关应当在拘传期限届满前，作出批准或者不批准的决定；未作出变更强制措施决定的，应当立即结束拘传。

第二节 取保候审

第一百零九条 国家安全机关对于有下列情形之一的犯罪嫌疑人，可以取保候审：

（一）可能判处管制、拘役或者独立适用附加刑的；

（二）可能判处有期徒刑以上刑罚，采取取保候审不致发生社会危险性的；

（三）患有严重疾病、生活不能自理，怀孕或者正在哺乳自己婴儿的妇女，采取取保候审不致发生社会危险性的；

（四）羁押期限届满，案件尚未办结，需要采取取保候审的。

对于拘留的犯罪嫌疑人，证据不符合逮捕条件，以及提请逮捕后，人民检察院不批准逮捕，需要继续侦查，并且符合取保候审条件的，可以依法取保候审。

第一百一十条 需要对犯罪嫌疑人取保候审的,经国家安全机关负责人批准,制作取保候审决定书。取保候审决定书应当向犯罪嫌疑人宣读,由犯罪嫌疑人签名、捺指印。

第一百一十一条 国家安全机关决定对犯罪嫌疑人取保候审的,应当根据案件情况,责令其提出保证人或者交纳保证金。

对同一犯罪嫌疑人,不得同时责令其提出保证人和交纳保证金。对未成年人取保候审的,应当优先适用保证人保证。

第一百一十二条 国家安全机关在宣布取保候审决定时,应当告知被取保候审人遵守以下规定:

(一)未经执行机关批准不得离开所居住的市、县;

(二)住址、工作单位和联系方式发生变动的,在二十四小时以内向国家安全机关报告;

(三)在传讯的时候及时到案;

(四)不得以任何形式干扰证人作证;

(五)不得毁灭、伪造证据或者串供。

第一百一十三条 国家安全机关在决定取保候审时,还可以根据案件情况,责令被取保候审人遵守以下一项或者多项规定：

（一）不得进入特定的场所；

（二）不得与特定的人员会见或者通信；

（三）不得从事特定的活动；

（四）将护照等出入境证件、驾驶证件交国家安全机关保存。

被取保候审人不得向任何人员泄露所知悉的国家秘密。

国家安全机关应当综合考虑案件的性质、情节、危害后果、社会影响、犯罪嫌疑人的具体情况等因素，有针对性地确定特定场所、特定人员和特定活动的范围。

第一百一十四条　人民法院、人民检察院决定取保候审的，负责执行的国家安全机关应当在收到法律文书和有关材料后二十四小时以内，核实有关情况后执行。

第一百一十五条　被取保候审人无正当理由不得离开所居住的市、县。有正当理由需要离开所居住的市、县的，应当经执行机关批准。

人民法院、人民检察院决定取保候审的，负责执行的国家安全机关在批准被取保候审人离开所居住的市、县前，应当征得决定机关同意。

第一百一十六条 执行取保候审的国家安全机关应当履行下列职责：

（一）告知被取保候审人必须遵守的规定，及其违反规定或者在取保候审期间重新犯罪应当承担的法律后果；

（二）定期了解被取保候审人遵守取保候审规定的有关情况，并制作笔录；

（三）监督、考察被取保候审人遵守有关规定，及时掌握其活动、住址、工作单位、联系方式及变动情况；

（四）监督保证人履行保证义务；

（五）被取保候审人违反应当遵守的规定以及保证人未履行保证义务的，应当及时制止、采取紧急措施，同时告知取保候审的决定机关。

第一百一十七条 采取保证金保证的，国家安全机关应当综合考虑保证诉讼活动正常进行的需要，被取保候审人的社会危险性，案件的性质、情节，可能判处刑罚的轻重，被取保候审人的经济状况等情况，确定保证金的数额，并制作收取保证金通知书。

保证金起点数额为人民币一千元；被取保候审人为未成年人的，保证金的起点数额为人民币五百元。

第一百一十八条　国家安全机关应当在其指定的银行设立专门账户，委托银行代为收取和保管保证金。

提供保证金的人应当将保证金一次性存入专门账户。保证金应当以人民币交纳。

保证金应当按照有关规定严格管理。

第一百一十九条　采取保证人保证的，保证人必须符合下列条件，并经国家安全机关审查同意：

（一）与本案无牵连；

（二）有能力履行保证义务；

（三）享有政治权利，人身自由未受到限制；

（四）有固定的住处和收入。

第一百二十条　保证人应当履行以下义务：

（一）监督被保证人遵守本规定第一百一十二条、第一百一十三条的规定；

（二）发现被保证人可能发生或者已经发生违反本规定第一百一十二条、第一百一十三条规定行为的，应当及时向国家安全机关报告。

保证人应当填写取保候审保证书，并在保证书上签名、捺指印。

第一百二十一条　保证人不愿意继续保证或者丧失保证条件的，保证人或者被取保候审人应当及时报告国家安全机关。国家安全机关应当责令被取保候审人重新提出保证人或者交纳保证金，或者作出变更强制措施的决定。

人民法院、人民检察院决定取保候审的，负责执行的国家安全机关应当自发现或者被告知保证人不愿继续保证或者丧失保证条件之日起三日以内通知决定机关。

第一百二十二条　保证人未履行监督义务，或者被取保候审人违反应当遵守的规定，保证人未及时报告或者隐瞒不报告的，查证属实后，经国家安全机关负责人批准，可以对保证人处一千元以上二万元以下罚款；构成犯罪的，依法追究刑事责任。

人民法院、人民检察院决定取保候审的，国家安全机关应当将有关情况及时通知决定机关。

第一百二十三条　决定对保证人罚款的，应当经国家安全机关负责人批准，制作对保证人罚款决定书，在三日以内向保证人宣布，告知其如果对罚款决定不服，可以在五日以内向作出罚款决定的国家安全机关申请复议。国家安全机关收到复议申请后，应当在七日以内作出复议决定。

保证人对复议决定不服的，可以在收到复议决定书后五日以内向上一级国家安全机关申请复核一次。上一级国家安全机关应当在收到复核申请后七日以内作出复核决定。对上级国家安全机关撤销或者变更罚款决定的，下级国家安全机关应当执行。

第一百二十四条 被取保候审人在取保候审期间违反本规定第一百一十二条、第一百一十三条规定，已交纳保证金的，经国家安全机关负责人批准，可以根据被取保候审人违反规定的情节，决定没收部分或者全部保证金，并且区别情形，责令其具结悔过，重新交纳保证金、提出保证人，或者变更强制措施。

对于违反取保候审规定，需要予以逮捕的，可以对犯罪嫌疑人先行拘留。

人民法院、人民检察院决定取保候审的，被取保候审人违反应当遵守的规定，负责执行的国家安全机关应当及时通知决定机关。

第一百二十五条 国家安全机关决定没收保证金的，应当制作没收保证金决定书，在三日以内向被取保候审人宣读，并责令其在没收保证金决定书上签名、捺指印。被取保候审人在逃或者具有其他情形不能到场的，应当向其成年家属、法定代理人、辩护人或者单位、居住地的居民委员会、村民委员会宣布，由其成年家属、法定代理人、辩护人或者单位、居住地的居民委员会、村民委员会的负责人在没收保证金决定书上签名。

第一百二十六条　国家安全机关在宣读没收保证金决定书时，应当告知如果对没收保证金的决定不服，被取保候审人或者其法定代理人可以在五日以内向作出决定的国家安全机关申请复议。国家安全机关应当在收到复议申请后七日以内作出复议决定。

被取保候审人或者其法定代理人对复议决定不服的，可以在收到复议决定书后五日以内向上一级国家安全机关申请复核一次。上一级国家安全机关应当在收到复核申请后七日以内作出复核决定。上级国家安全机关撤销或者变更没收保证金决定的，下级国家安全机关应当执行。

第一百二十七条　没收保证金的决定、对保证人罚款的决定已过复议期限，或者复议、复核后维持原决定或者变更没收保证金、罚款数额的，国家安全机关应当及时通知指定的银行将没收的保证金、保证人罚款按照国家有关规定上缴国库。人民法院、人民检察院决定取保候审的，国家安全机关应当在三日以内通知决定机关。

没收部分保证金的，国家安全机关应当制作退还保证金决定书，被取保候审人或者其法定代理人可以凭此决定书到银行领取剩余的保证金。

第一百二十八条 取保候审最长不得超过十二个月。

在取保候审期间，国家安全机关不得中断对案件的侦查。对被取保候审的犯罪嫌疑人，根据案件情况或者取保候审期满，应当及时变更强制措施或者解除取保候审。

第一百二十九条 被取保候审人在取保候审期间未违反本规定第一百一十二条、第一百一十三条规定，也没有故意实施新的犯罪，取保候审期限届满的，或者具有本规定第二百零六条规定的情形之一的，应当及时解除取保候审，并通知被取保候审人、保证人和有关单位。

人民法院、人民检察院作出解除取保候审决定的，国家安全机关应当及时解除，并通知被取保候审人、保证人和有关单位。

第一百三十条 被取保候审人或者其法定代理人可以凭解除取保候审决定书或者有关法律文书，到银行领取退还的保证金。

被取保候审人不能自己领取退还的保证金的,经本人出具书面申请并经国家安全机关同意,由国家安全机关书面通知银行将退还的保证金转账至被取保候审人或者其委托的人提供的银行账户。

第一百三十一条 被取保候审人没有违反本规定第一百一十二条、第一百一十三条规定,但在取保候审期间涉嫌故意实施新的犯罪被立案侦查的,国家安全机关应当暂扣保证金,待人民法院判决生效后,决定是否没收保证金。对故意实施新的犯罪的,应当没收保证金;对过失实施新的犯罪或者不构成犯罪的,应当退还保证金。

第三节 监视居住

第一百三十二条 国家安全机关对符合逮捕条件,有下列情形之一的犯罪嫌疑人,可以监视居住:

(一)患有严重疾病、生活不能自理的;

(二)怀孕或者正在哺乳自己婴儿的妇女;

(三)系生活不能自理的人的唯一扶养人;

(四)因为案件的特殊情况或者办理案件的需要,采取监视居住措施更为适宜的;

(五)羁押期限届满,案件尚未办结,需要采取监视居住措施的。

对于人民检察院决定不批准逮捕的犯罪嫌疑人，需要继续侦查，并且符合监视居住条件的，可以监视居住。

对于符合取保候审条件，但犯罪嫌疑人不能提出保证人，也不交纳保证金的，可以监视居住。

对于被取保候审人违反本规定第一百一十二条、第一百一十三条规定，需要监视居住的，可以监视居住。

第一百三十三条　对犯罪嫌疑人监视居住，应当经国家安全机关负责人批准，制作监视居住决定书。监视居住决定书应当向犯罪嫌疑人宣读，由犯罪嫌疑人签名、捺指印。

第一百三十四条　监视居住应当在犯罪嫌疑人、被告人的住处执行，无固定住处的，可以在指定的居所执行。

对涉嫌危害国家安全犯罪、恐怖活动犯罪，在住处执行可能有碍侦查的，经上一级国家安全机关批准，可以在指定的居所执行监视居住。指定居所监视居住的，不得要求被监视居住人支付费用。

有下列情形之一的，属于本条规定的"有碍侦查"：

（一）可能毁灭、伪造证据，干扰证人作证或者串供的；

（二）可能引起犯罪嫌疑人自残、自杀或者逃跑的；

（三）可能引起同案犯逃避、妨碍侦查的；

（四）犯罪嫌疑人、被告人在住处执行监视居住有人身危险的；

（五）犯罪嫌疑人、被告人的家属或者所在单位人员与犯罪有牵连的。

第一百三十五条　指定的居所应当符合下列条件：

（一）具备正常的生活、休息条件；

（二）便于监视、管理；

（三）保证安全。

不得在羁押场所、专门的办案场所或者办公场所执行监视居住。

第一百三十六条　人民法院、人民检察院决定监视居住的，负责执行的国家安全机关应当在收到法律文书和有关材料二十四小时以内，核实被监视居住人身份、住处或者居所等情况后执行。必要时，可以由人民法院、人民检察院协助执行。

第一百三十七条　指定居所监视居住，除无法通知的以外，应当制作指定居所监视居住通知书，在执行监视居住后二十四小时以内，由决定机关通知被监视居住人的家属。

无法通知的情形消失后，应当立即通知被监视居住人的家属。

第一百三十八条　国家安全机关执行监视居住，应当严格对被监视居住人进行监督考察，确保安全。

人民法院、人民检察院决定监视居住的，负责执行的国家安全机关应当及时将监视居住的执行情况通知决定机关。

第一百三十九条　国家安全机关在宣布监视居住决定时，应当告知被监视居住人遵守以下规定：

（一）未经国家安全机关批准不得离开执行监视居住的处所；

（二）未经国家安全机关批准不得会见他人或者通信；

（三）在传讯的时候及时到案；

（四）不得以任何形式干扰证人作证；

（五）不得毁灭、伪造证据或者串供；

（六）将护照等出入境证件、身份证件、驾驶证件交国家安全机关保存。

第一百四十条　被监视居住人有正当理由要求离

开住处或者指定的居所以及要求会见他人或者通信的，应当经国家安全机关批准。

人民法院、人民检察院决定监视居住的，负责执行的国家安全机关在批准被监视居住人离开住处或者指定的居所以及与他人会见或者通信前，应当征得决定机关同意。

第一百四十一条　国家安全机关可以采取电子监控、不定期检查等监视方法，对被监视居住人遵守有关规定的情况进行监督；在侦查期间，可以对被监视居住人的通信进行监控。

第一百四十二条　被监视居住人委托辩护律师，适用本规定第四十一条、第四十三条、第四十四条和第四十五条规定。

第一百四十三条　被监视居住人违反应当遵守的规定，国家安全机关应当责令其具结悔过或者依照有关法律法规追究责任；情节严重的，可以提请人民检察院批准逮捕；需要予以逮捕的，可以对其先行拘留。

人民法院、人民检察院决定监视居住的，被监视居住人违反应当遵守的规定，负责执行的国家安全机关应当及时告知决定机关。

第一百四十四条　监视居住最长不得超过六个月。

在监视居住期间，国家安全机关不得中断对案件的侦查。对被监视居住的犯罪嫌疑人，根据案件情况或者监视居住期满，应当及时解除监视居住或者变更强制措施。

第一百四十五条 需要解除监视居住的，应当经国家安全机关负责人批准，制作解除监视居住决定书，并及时通知被监视居住人和有关单位。

人民法院、人民检察院作出解除、变更监视居住决定的，负责执行的国家安全机关应当及时解除，并通知被监视居住人和有关单位。

第一百四十六条 国家安全机关对犯罪嫌疑人决定和执行指定居所监视居住时，应当接受人民检察院的监督。

人民检察院向国家安全机关提出纠正意见的，国家安全机关应当及时纠正，并将有关情况回复人民检察院。

第四节 拘　　留

第一百四十七条 国家安全机关对现行犯或者重大嫌疑分子，如果有下列情形之一的，可以先行拘留：

（一）正在预备犯罪、实行犯罪或者在犯罪后即时被发觉的；

（二）被害人或者在场亲眼看见的人指认他犯罪的；

（三）在身边或者住处发现有犯罪证据的；

（四）犯罪后企图自杀、逃跑或者在逃的；

（五）有毁灭、伪造证据或者串供可能的；

（六）不讲真实姓名、住址，身份不明的；

（七）有流窜作案、多次作案、结伙作案重大嫌疑的。

第一百四十八条　拘留犯罪嫌疑人，应当经国家安全机关负责人批准，制作拘留证。

执行拘留的侦查人员不得少于二人。执行拘留时，应当向被拘留人出示拘留证，并责令其在拘留证上签名、捺指印。

紧急情况下，对于符合本规定第一百四十七条所列情形之一的，经出示人民警察证或者侦察证，可以将犯罪嫌疑人口头传唤至国家安全机关后立即审查，办理法律手续。

第一百四十九条　拘留后，应当立即将被拘留人送看守所羁押，至迟不得超过二十四小时。异地执行拘留，无法及时将犯罪嫌疑人押解回管辖地的，应当在宣布拘留后立即将其送就近的看守所羁押，至迟不得超过二十四小时。到达管辖地后，应当立即将犯罪嫌疑人送看守所羁押。

第一百五十条　除无法通知或者涉嫌危害国家安全犯罪、恐怖活动犯罪通知可能有碍侦查的情形以外，应当在拘留后二十四小时以内制作拘留通知书，通知被拘留人的家属。拘留通知书应当写明拘留原因和羁押处所。无法通知或者有碍侦查的情形消失以后，应当立即通知被拘留人的家属。对于没有在二十四小时以内通知家属的，应当在拘留通知书中注明原因。

有下列情形之一的，属于本条规定的"有碍侦查"：

（一）可能毁灭、伪造证据，干扰证人作证或者串供的；

（二）可能引起同案犯逃避、妨碍侦查的；

（三）犯罪嫌疑人的家属与犯罪有牵连的。

第一百五十一条　对于被拘留人，应当在拘留后的二十四小时以内进行讯问。发现不应当拘留的，经国家安全机关负责人批准，制作释放通知书，通知看守所。看守所应当立即释放被拘留人，并发给释放证明书。

第一百五十二条　国家安全机关对被拘留人，经过审查认为需要逮捕的，应当在拘留后的三日以内，提请人民检察院审查批准。在特殊情况下，经国家安全机关负责人批准，提请审查批准的时间可以延长一日至四日。

对于流窜作案、多次作案、结伙作案的重大嫌疑分子，经国家安全机关负责人批准，提请审查批准的时间可以延长至三十日。

延长提请审查批准逮捕时间的，应当经国家安全机关负责人批准，制作变更羁押期限通知书，通知看守所和被拘留人。

第一百五十三条 犯罪嫌疑人不讲真实姓名、住址，身份不明的，应当对其身份进行调查。对于符合逮捕条件的犯罪嫌疑人，也可以按其自报的姓名提请批准逮捕。

第一百五十四条 对被拘留的犯罪嫌疑人审查后，根据案件情况报经国家安全机关负责人批准，分别作出如下处理：

（一）需要逮捕的，在拘留期限内，依法办理提请批准逮捕手续；

（二）应当追究刑事责任，但不需要逮捕的，依法办理取保候审或者监视居住手续后，向人民检察院移送审查起诉；

（三）拘留期限届满，案件尚未办结，需要继续侦查的，依法办理取保候审或者监视居住手续；

（四）具有本规定第二百零六条规定情形之一的，释放被拘留人，发给释放证明书；需要行政处理的，依法予以处理或者移送有关部门。

第五节　逮　　捕

第一百五十五条　国家安全机关对有证据证明有犯罪事实，可能判处徒刑以上刑罚的犯罪嫌疑人，采取取保候审尚不足以防止发生下列社会危险性的，应当提请批准逮捕：

（一）可能实施新的犯罪的；

（二）有危害国家安全、公共安全或者社会秩序的现实危险的；

（三）可能毁灭、伪造证据，干扰证人作证或者串供的；

（四）可能对被害人、举报人、控告人实施打击报复的；

（五）企图自杀或者逃跑的。

对于有证据证明有犯罪事实，可能判处十年有期徒刑以上刑罚的，或者有证据证明有犯罪事实，可能判处徒刑以上刑罚，曾经故意犯罪或者身份不明的，应当提请批准逮捕。

第一百五十六条　有证据证明有犯罪事实，是指同时具备下列情形：

（一）有证据证明发生了犯罪事实；

（二）有证据证明该犯罪事实是犯罪嫌疑人实施的；

（三）证明犯罪嫌疑人实施犯罪行为的证据已有查证属实的。

前款规定的"犯罪事实"既可以是单一犯罪行为的事实，也可以是数个犯罪行为中任何一个犯罪行为的事实。

第一百五十七条　提请批准逮捕，应当将犯罪嫌疑人涉嫌犯罪的性质、情节，认罪认罚等情况，作为是否可能发生社会危险性的考虑因素。

国家安全机关提请人民检察院审查批准逮捕时，应当收集、固定犯罪嫌疑人具有社会危险性的证据，并在提请批准逮捕时随卷移送。对于证明犯罪事实的证据能够证明犯罪嫌疑人具有社会危险性的，应当在提请批准逮捕书中专门予以说明。

第一百五十八条　被取保候审人违反取保候审规定，具有下列情形之一的，可以提请批准逮捕：

（一）涉嫌故意实施新的犯罪的；

（二）有危害国家安全、公共安全或者社会秩序的现实危险的；

（三）实施毁灭、伪造证据或者干扰证人作证、串供行为，足以影响侦查工作正常进行的；

（四）对被害人、证人、鉴定人、举报人、控告人及其他人员实施打击报复或者恐吓滋扰的；

（五）企图自杀、逃跑，逃避侦查的；

（六）未经批准，擅自离开所居住的市、县，情节严重的，或者两次以上未经批准，擅自离开所居住的市、县的；

（七）经传讯无正当理由不到案，情节严重的，或者经两次以上传讯不到案的；

（八）住址、工作单位和联系方式发生变动，未在二十四小时以内向国家安全机关报告，造成严重后果的；

（九）违反规定进入特定场所、从事特定活动或者与特定人员会见、通信，严重妨碍侦查正常进行的；

（十）有其他依法应当提请批准逮捕的情形的。

第一百五十九条　被监视居住人违反监视居住规定，具有下列情形之一的，可以提请批准逮捕：

（一）涉嫌故意实施新的犯罪的；

（二）实施毁灭、伪造证据或者干扰证人作证、串供行为，足以影响侦查工作正常进行的；

（三）对被害人、证人、鉴定人、举报人、控告人及其他人员实施打击报复或者恐吓滋扰的；

（四）企图自杀、逃跑，逃避侦查的；

（五）未经批准，擅自离开执行监视居住的处所，情节严重的，或者两次以上未经批准，擅自离开执行监视居住的处所的；

（六）未经批准，擅自会见他人或者通信，情节严重的，或者两次以上未经批准，擅自会见他人或者通信的；

（七）经传讯无正当理由不到案，情节严重的，或者经两次以上传讯不到案的；

（八）有其他依法应当提请批准逮捕的情形的。

第一百六十条 提请批准逮捕犯罪嫌疑人时，应当经国家安全机关负责人批准，制作提请批准逮捕书，连同案卷材料、证据，一并移送同级人民检察院审查。

犯罪嫌疑人自愿认罪认罚的，应当记录在案，并在提请批准逮捕书中写明有关情况。

第一百六十一条 对于人民检察院在审查批准逮

捕过程中通知补充侦查的，国家安全机关应当按照人民检察院的补充侦查提纲补充侦查，并将补充侦查的案件材料及时送人民检察院。

国家安全机关补充侦查完毕，认为符合逮捕条件的，应当重新提请批准逮捕。

第一百六十二条　补充侦查期间正在执行的强制措施期限届满的，应当及时变更强制措施。

第一百六十三条　接到人民检察院批准逮捕决定后，应当由国家安全机关负责人签发逮捕证，立即执行，并将执行回执三日内送达作出批准逮捕决定的人民检察院。

如果未能执行的，也应当将执行回执送达人民检察院，并写明未能执行的原因。

第一百六十四条　国家安全机关执行逮捕时，应当向被逮捕人出示逮捕证，并责令其在逮捕证上签名、捺指印。逮捕后，应当立即将被逮捕人送看守所羁押。

执行逮捕的侦查人员不得少于二人。

第一百六十五条　对于被逮捕的人，应当在逮捕后二十四小时以内进行讯问。发现不应当逮捕的，经国家安全机关负责人批准，制作释放通知书，通知看守所和原批准逮捕的人民检察院。看守所应当立即释放被逮捕人，并发给释放证明书。

第一百六十六条　对犯罪嫌疑人执行逮捕后，除无法通知的情形以外，应当在逮捕后二十四小时以内，制作逮捕通知书，通知被逮捕人的家属。逮捕通知书应当写明逮捕原因和羁押处所。

无法通知的情形消失后，应当立即通知被逮捕人的家属。

对于没有在二十四小时以内通知家属的，应当在逮捕通知书中注明原因。

第一百六十七条　对于人民检察院不批准逮捕的，国家安全机关在收到不批准逮捕决定书后，如果犯罪嫌疑人已被拘留的，应当立即释放或者变更强制措施，并将执行回执在收到不批准逮捕决定书后的三日以内送达作出不批准逮捕决定的人民检察院。

第一百六十八条　对于人民检察院不批准逮捕而未说明理由的，国家安全机关可以要求人民检察院说明理由。

第一百六十九条　对人民检察院不批准逮捕的决定，国家安全机关认为有错误需要复议的，应当在收到不批准逮捕决定书后五日以内，经国家安全机关负责人批准，制作要求复议意见书，送交同级人民检察院复议。

如果意见不被接受，认为需要复核的，应当在收到人民检察院的复议决定书后五日以内，经国家安全机关负责人批准，制作提请复核意见书，连同人民检察院的复议决定，一并提请上一级人民检察院复核。

第一百七十条　人民法院、人民检察院决定逮捕犯罪嫌疑人、被告人的，由国家安全机关凭人民法院、人民检察院决定逮捕的法律文书制作逮捕证并立即执行。必要时，可以请人民法院、人民检察院协助执行。执行逮捕后，应当及时通知决定机关。

国家安全机关未能抓获犯罪嫌疑人、被告人的，应当将执行情况和未能抓获的原因通知决定逮捕的人民检察院、人民法院。对于犯罪嫌疑人、被告人在逃的，在人民检察院、人民法院撤销逮捕决定之前，国家安全机关应当组织力量继续执行。

第一百七十一条　人民检察院在审查批准逮捕工作中发现国家安全机关的侦查活动存在违法情况，通知国家安全机关予以纠正的，国家安全机关应当调查核实，对于发现的违法情况应当及时纠正，并将有关情况书面回复人民检察院。

第六节 羁　　押

第一百七十二条　对犯罪嫌疑人逮捕后的侦查羁押期限，不得超过二个月。

案情复杂、期限届满不能侦查终结，需要提请延长侦查羁押期限的，应当经国家安全机关负责人批准，制作提请批准变更侦查羁押期限意见书，说明延长羁押期限案件的主要案情和延长羁押期限的具体理由，在羁押期限届满七日前提请同级人民检察院转报上一级人民检察院批准延长一个月。

第一百七十三条　下列案件在本规定第一百七十二条规定的期限届满不能侦查终结的，应当经国家安全机关负责人批准，制作提请批准变更羁押期限意见书，在羁押期限届满七日前提请人民检察院批准，延长二个月：

（一）交通十分不便的边远地区的重大复杂案件；

（二）重大的犯罪集团案件；

（三）流窜作案的重大复杂案件；

（四）犯罪涉及面广，取证困难的重大复杂案件。

第一百七十四条　对于犯罪嫌疑人可能判处十年有期徒刑以上刑罚，依照本规定第一百七十三条规定延长期限届满，仍不能侦查终结的，应当经国家安全机关负责人批准，制作提请批准变更羁押期限意见书，在羁押期限届满七日前提请同级人民检察院转报省、自治区、直辖市人民检察院批准，再延长二个月。

第一百七十五条　国家安全机关执行逮捕后，有下列情形之一的，应当释放犯罪嫌疑人或者变更强制措施，并通知原批准逮捕的人民检察院：

（一）案件证据发生重大变化，没有证据证明有犯罪事实或者犯罪行为系犯罪嫌疑人所为的；

（二）案件事实或者情节发生变化，犯罪嫌疑人可能判处拘役、管制、独立适用附加刑、免予刑事处罚或者判决无罪的；

（三）继续羁押犯罪嫌疑人，羁押期限可能超过依法可能判处的刑期的。

第一百七十六条　犯罪嫌疑人被逮捕后，人民检察院认为不需要继续羁押，建议予以释放或者变更强制措施的，国家安全机关应当予以调查核实。经调查核实后，认为不需要继续羁押的，应当予以释放或者变更强制措施，并在十日以内将处理情况通知人民检察院；认为需要继续羁押的，应当通知人民检察院并说明理由。

第一百七十七条　对于延长侦查羁押期限的，国家安全机关的办案部门应当制作变更羁押期限通知书，通知看守所。

第一百七十八条　侦查期间，发现犯罪嫌疑人另有重要罪行，自发现之日起依照本规定第一百七十二条重新计算侦查羁押期限。国家安全机关应当自发现之日起五日以内，经国家安全机关负责人批准，制作变更羁押期限通知书，送达看守所，并报批准逮捕的人民检察院备案。

前款规定的"另有重要罪行"，是指与逮捕时的罪行不同种的重大犯罪和同种的影响罪名认定、量刑档次的重大犯罪。

第一百七十九条　犯罪嫌疑人不讲真实姓名、住址，身份不明的，应当对其身份进行调查。经国家安全机关负责人批准，侦查羁押期限自查清身份之日起计算，但是不得停止对其犯罪行为的侦查取证。

对于犯罪事实清楚，证据确实、充分，确实无法查明其身份的，可以按其自报的姓名移送人民检察院审查起诉。

第一百八十条　看守所应当凭国家安全机关签发的拘留证、逮捕证收押被拘留、逮捕的犯罪嫌疑人、被告人。犯罪嫌疑人、被告人被送至看守所羁押时，看守所应当在拘留证、逮捕证上注明犯罪嫌疑人、被告人到达看守所的时间。

查获被通缉、脱逃的犯罪嫌疑人以及执行追捕、押解任务需要临时寄押的，应当持通缉令或者其他有关法律文书并经寄押地国家安全机关负责人批准，送国家安全机关看守所寄押，看守所应当及时予以配合。

临时寄押的犯罪嫌疑人出所时，看守所应当出具羁押该犯罪嫌疑人的证明，载明该犯罪嫌疑人基本情况、羁押原因、入所和出所时间。

第一百八十一条 看守所收押犯罪嫌疑人、被告人和罪犯，应当进行健康和体表检查，并予以记录。

第一百八十二条 看守所收押犯罪嫌疑人、被告人和罪犯，应当对其人身和携带的物品进行安全检查。发现违禁物品、犯罪证据和可疑物品，应当制作笔录，由被羁押人签名、捺指印后，送办案部门处理。

对于妇女的人身检查，应当由女工作人员进行。

第七节　其他规定

第一百八十三条 对犯罪嫌疑人执行拘传、拘留、逮捕、押解过程中，应当依法使用约束性警械。遇有暴力性对抗或者暴力犯罪行为，可以依法使用制服性警械或者武器。

第一百八十四条　国家安全机关发现对犯罪嫌疑人采取强制措施不当的，应当及时撤销或者变更。犯罪嫌疑人在押的，应当及时释放。释放被逮捕的人或者变更逮捕措施的，应当通知批准逮捕的人民检察院。

第一百八十五条　犯罪嫌疑人及其法定代理人、近亲属或者辩护律师有权申请变更强制措施。国家安全机关收到申请后，应当在三日以内作出决定。同意变更的，应当制作有关法律文书，通知申请人；不同意变更的，应当制作不予变更强制措施决定书，通知申请人，并说明理由。

第一百八十六条　国家安全机关对被采取强制措施法定期限届满的犯罪嫌疑人，应当予以释放、解除取保候审、监视居住或者依法变更强制措施。

犯罪嫌疑人及其法定代理人、近亲属或者辩护律师对犯罪嫌疑人被采取强制措施法定期限届满的，有权要求国家安全机关解除。国家安全机关应当立即进行审查，对于情况属实的，依照前款规定执行。

对于犯罪嫌疑人、被告人羁押期限即将届满的，看守所应当立即通知办案部门。

第一百八十七条 取保候审变更为监视居住的，取保候审、监视居住变更为拘留、逮捕的，对原强制措施不再办理解除法律手续。

第一百八十八条 案件在取保候审、监视居住期间移送审查起诉后，人民检察院决定重新取保候审、监视居住或者变更强制措施的，对原强制措施不再办理解除法律手续。

第一百八十九条 国家安全机关依法对县级以上各级人民代表大会代表拘传、取保候审、监视居住、拘留或者提请批准逮捕的，应当按照《中华人民共和国全国人民代表大会和地方各级人民代表大会代表法》和有关规定办理。

第一百九十条 有下列情形之一的，属于本章中规定的"无法通知"：

（一）犯罪嫌疑人不讲真实姓名、住址、身份不明的；

（二）犯罪嫌疑人无家属的；

（三）提供的家属联系方式无法取得联系的；

（四）因自然灾害等不可抗力导致无法通知的。

第七章 立案、撤案

第一节 受 案

第一百九十一条 国家安全机关对于公民扭送、报案、控告、举报或者犯罪嫌疑人自动投案的，都应当接受，问明情况，并制作笔录，经核对无误后，由扭送人、报案人、控告人、举报人、投案人确认并签名、捺指印。必要时，应当对接受过程录音录像。

第一百九十二条 国家安全机关对扭送人、报案人、控告人、举报人、投案人提供的有关证据材料等，应当登记制作接受证据材料清单，由扭送人、报案人、控告人、举报人、投案人签名。必要时，应当拍照或者录音录像。

第一百九十三条 国家安全机关接受案件时，应当制作接受刑事案件登记表，并出具回执，将回执交扭送人、报案人、控告人、举报人。扭送人、报案人、控告人、举报人无法取得联系或者拒绝接受回执的，应当注明。

第一百九十四条 国家安全机关接受控告、举报的工作人员，应当向控告人、举报人说明诬告应负的法律责任。但是，只要不是捏造事实、伪造证据，即使控告、举报的事实有出入，甚至是错告的，也要和诬告严格加以区别。

第一百九十五条　扭送人、报案人、控告人、举报人如果不愿意公开自己的身份和扭送、报案、控告、举报的行为，国家安全机关应当在材料中注明，并为其保守秘密。

第一百九十六条　国家安全机关对行政机关、其他侦查机关移送的犯罪案件线索或者犯罪嫌疑人，应当依照本规定第一百九十一条、第一百九十二条和第一百九十三条的规定，办理相关受案手续。

第一百九十七条　国家安全机关对接受的案件，或者发现的案件线索，应当迅速进行审查。

对于在审查中发现案件事实或者线索不明的，必要时，经国家安全机关负责人批准，可以进行调查核实。

调查核实过程中，国家安全机关可以依照有关法律和规定采取不限制被调查对象人身、财产权利的措施。

第一百九十八条　国家安全机关经过审查，认为有犯罪事实，但不属于自己管辖的，应当经国家安全机关负责人批准，制作移送案件通知书，及时移送有管辖权的机关处理，并且通知扭送人、报案人、控告人、举报人和移送案件的机关。对于不属于自己管辖而又必须采取紧急措施的，应当先采取紧急措施，然后办理手续，移送主管机关。

对不属于国家安全机关职责范围的事项，在接报案时能够当场判断的，应当立即口头告知扭送人、报案人、控告人、举报人向其他主管机关报案。

第一百九十九条 经过审查，对于不够刑事处罚需要给予行政处理的，依法予以处理或者移送有关部门。

第二节 立 案

第二百条 国家安全机关对于接受的案件，或者发现的案件线索，经过审查，认为有犯罪事实，需要追究刑事责任，且属于自己管辖的，应当经国家安全机关负责人批准，制作立案决定书，予以立案；认为没有犯罪事实，或者犯罪事实显著轻微不需要追究刑事责任，或者具有其他依法不追究刑事责任情形的，经国家安全机关负责人批准，不予立案，并制作不立案通知书，书面通知移送案件的机关或者控告人。

决定不予立案后又发现新的事实或者证据，或者发现原认定事实错误，需要追究刑事责任的，应当及时立案处理。

第二百零一条 控告人对不予立案决定不服的，可以在收到不予立案通知书后七日以内向作出决定的国家安全机关申请复议；国家安全机关应当在收到复议申请后三十日以内作出决定，并将决定书送达控告人。控告人对不予立案的复议决定不服的，可以在收到复议决定书后七日以内向上一级国家安全机关申请复核；上一级国家安全机关应当在收到复核申请后三十日以内作出决定。对上级国家安全机关撤销不予立案决定的，下级国家安全机关应当执行。案情重大、复杂的，国家安全机关可以延长复议、复核时限，但是延长时限不得超过三十日，并书面告知申请人。

移送案件的行政执法机关对不予立案决定不服的，可以在收到不予立案通知书后三日以内向作出决定的国家安全机关申请复议；国家安全机关应当在收到行政执法机关的复议申请后三日以内作出决定，并书面通知移送案件的行政执法机关。

第二百零二条 人民检察院要求国家安全机关说

明不立案理由的,国家安全机关应当在收到人民检察院法律文书之日起七日以内,制作不立案理由说明书,说明不立案的情况、依据和理由,回复人民检察院。国家安全机关作出立案决定的,应当将立案决定书复印件送达人民检察院。

人民检察院通知国家安全机关予以立案的,国家安全机关应当在收到立案通知后十五日以内立案,并将立案决定书复印件送达人民检察院。

第二百零三条 人民检察院认为国家安全机关不应当立案而立案,提出纠正意见的,国家安全机关应当进行调查核实,并将有关情况回复人民检察院。

第二百零四条 经立案侦查,认为有犯罪事实需要追究刑事责任,但不属于自己管辖或者需要由其他国家安全机关并案侦查的案件,经国家安全机关负责人批准,制作移送案件通知书,移送有管辖权的机关或者并案侦查的国家安全机关,并在移送案件后三日以内书面通知扭送人、报案人、控告人、举报人或者移送案件的机关;犯罪嫌疑人已经到案的,应当依照本规定的有关规定通知其家属。

第二百零五条 案件变更管辖或者移送其他国家安全机关并案侦查时,与案件有关的法律文书、证据、财物及其孳息应当随案移交。

移交时，由接收人、移交人当面查点清楚，并在交接单据上共同签名。

第三节 撤 案

第二百零六条 经过侦查，发现具有下列情形之一的，应当撤销案件：

（一）没有犯罪事实的；

（二）情节显著轻微、危害不大，不认为是犯罪的；

（三）犯罪已过追诉时效期限的；

（四）经特赦令免除刑罚的；

（五）犯罪嫌疑人死亡的；

（六）其他依法不追究刑事责任的。

对于经过侦查，发现有犯罪事实需要追究刑事责任，但不是被立案侦查的犯罪嫌疑人实施的，或者共同犯罪案件中部分犯罪嫌疑人不够刑事处罚的，应当对有关犯罪嫌疑人终止侦查，并对该案件继续侦查。

第二百零七条 需要撤销案件或者对犯罪嫌疑人终止侦查的，应当报国家安全机关负责人批准。

国家安全机关决定撤销案件或者对犯罪嫌疑人终

止侦查时，原犯罪嫌疑人在押的，应当立即释放，发给释放证明书。原犯罪嫌疑人被逮捕的，应当通知原批准逮捕的人民检察院。对原犯罪嫌疑人采取其他强制措施的，应当立即解除强制措施；需要行政处理的，依法予以处理或者移交有关部门。

对于查封、扣押的财物及其孳息、文件，或者冻结的财产，除按照法律和有关规定另行处理的以外，应当解除查封、扣押、冻结，并及时返还或者通知当事人。

第二百零八条 犯罪嫌疑人自愿如实供述涉嫌犯罪的事实，有重大立功或者案件涉及国家重大利益，需要撤销案件的，办理案件的国家安全机关应当层报国家安全部，由国家安全部提请最高人民检察院核准后撤销案件。报请撤销案件的国家安全机关应当同时将相关情况通报同级人民检察院。

根据前款规定撤销案件的，国家安全机关应当及时对查封、扣押、冻结的财物及其孳息作出处理。

第二百零九条 国家安全机关作出撤销案件决定后，应当在三日以内告知原犯罪嫌疑人、被害人或者其近亲属、法定代理人以及移送案件的机关。

国家安全机关作出终止侦查决定后，应当在三日以内告知原犯罪嫌疑人。

第二百一十条 国家安全机关撤销案件以后又发现新的事实或者证据，或者发现原认定事实错误，认为有犯罪事实需要追究刑事责任的，应当重新立案侦查。

对犯罪嫌疑人终止侦查以后又发现新的事实或者证据，或者发现原认定事实错误，需要对其追究刑事责任的，应当继续侦查。

第八章 侦　　查

第一节　一般规定

第二百一十一条 国家安全机关对已经立案的刑事案件，应当进行侦查，全面、客观地收集、调取犯罪嫌疑人有罪或者无罪、罪轻或者罪重的证据材料。

第二百一十二条 国家安全机关经过侦查，对有证据证明有犯罪事实的案件，应当进行预审，对收集、调取的证据材料的真实性、合法性、关联性及证明力予以审查。

第二百一十三条 国家安全机关侦查犯罪，应当严格依照法律规定的条件和程序采取强制措施和侦查措施，严禁在没有证据的情况下，仅凭怀疑就对犯罪嫌疑人采取强制措施和侦查措施。

国家安全机关依法查封、扣押、冻结涉案财物，应当为犯罪嫌疑人及其所扶养的亲属保留必需的生活费用和物品，减少对涉案单位正常办公、生产、经营等活动的影响。严禁在立案之前查封、扣押、冻结财物，不得查封、扣押、冻结与案件无关的财物。对查封、扣押、冻结的财物，应当及时进行审查。能够保证侦查活动正常进行的，可以允许有关当事人继续合理使用有关涉案财物，但应当采取必要的保值、保管措施。

第二百一十四条 国家安全机关开展勘验、检查、搜查、辨认、查封、扣押等侦查活动，应当邀请有关公民作为见证人。

下列人员不得担任侦查活动的见证人：

（一）生理上、精神上有缺陷或者年幼，不具有相应辨别能力或者不能正确表达的人；

（二）与案件有利害关系，可能影响案件公正处理的人；

（三）国家安全机关的工作人员或者其聘用的人员。

确因客观原因无法由符合条件的人员担任见证人的，应当对有关侦查活动进行全程录音录像，并在笔录中注明有关情况。

第二百一十五条　国家安全机关侦查犯罪，涉及国家秘密、工作秘密、商业秘密和个人隐私、个人信息的，应当保密。

第二百一十六条　当事人和辩护人、诉讼代理人、利害关系人对于国家安全机关及其侦查人员有下列行为之一的，有权向该机关申诉或者控告：

（一）采取强制措施法定期限届满，不予以释放、解除或者变更的；

（二）应当退还取保候审保证金不退还的；

（三）对与案件无关的财物采取查封、扣押、冻结措施的；

（四）应当解除查封、扣押、冻结不解除的；

（五）贪污、挪用、私分、调换、违反规定使用查封、扣押、冻结的财物的。

受理申诉或者控告的国家安全机关应当及时进行调查核实，并在收到申诉、控告之日起三十日以内作出处理决定，书面回复申诉人、控告人。发现国家安全机关及其侦查人员有上述行为之一的，应当立即纠正。

申诉人、控告人对处理决定不服的，可以向同级人民检察院申诉。人民检察院提出纠正意见，国家安全机关应当纠正并及时将处理情况回复人民检察院。

第二节　讯问犯罪嫌疑人

第二百一十七条　讯问犯罪嫌疑人应当在讯问室进行。下列情形除外：

（一）紧急情况下在现场进行讯问的；

（二）对有严重伤病或者残疾、行动不便的，以及正在怀孕的犯罪嫌疑人，在其住处或者就诊的医疗机构进行讯问的。

对于已送交看守所羁押的犯罪嫌疑人，应当在看守所讯问室进行讯问。

对于正在被执行行政拘留、强制隔离戒毒的人员以及正在监狱服刑的罪犯，可以在其执行场所进行讯问。

对于不需要逮捕、拘留的犯罪嫌疑人，经办案部门负责人批准，可以传唤到犯罪嫌疑人所在市、县内的指定地点或者到他的住处进行讯问。

第二百一十八条　传唤犯罪嫌疑人时，应当出示传唤证和人民警察证或者侦察证，责令其在传唤证上签名、捺指印。

犯罪嫌疑人到案后,应当由其在传唤证上填写到案时间。传唤结束后,应当责令其在传唤证上填写传唤结束时间。

对于在现场发现的犯罪嫌疑人,侦查人员经出示人民警察证或者侦察证,可以口头传唤,并将传唤的原因和依据告知被传唤人。讯问笔录中应当注明犯罪嫌疑人到案经过,并由犯罪嫌疑人注明到案时间和传唤结束时间。

对自动投案或者群众扭送到国家安全机关的犯罪嫌疑人,可以依法传唤。

第二百一十九条 传唤持续的时间从犯罪嫌疑人到案时开始计算,不得超过十二小时;案情特别重大、复杂,需要采取拘留、逮捕措施的,经办案部门负责人批准,传唤持续的时间不得超过二十四小时。不得以连续传唤的形式变相拘禁犯罪嫌疑人。

传唤期限届满,未作出采取其他强制措施决定的,应当立即结束传唤。

第二百二十条 传唤、拘传、讯问犯罪嫌疑人,应当保证犯罪嫌疑人的饮食和必要的休息时间,并记录在案。

第二百二十一条 讯问犯罪嫌疑人，应当由国家安全机关侦查人员进行。讯问时，侦查人员不得少于二人。

讯问同案的犯罪嫌疑人，应当个别进行。

第二百二十二条 第一次讯问犯罪嫌疑人，侦查人员应当告知犯罪嫌疑人所享有的诉讼权利和应履行的诉讼义务，并在笔录中予以注明。

第一次讯问，应当问明犯罪嫌疑人的基本情况。

第二百二十三条 侦查人员讯问犯罪嫌疑人时，应当首先讯问犯罪嫌疑人是否有犯罪行为，并告知犯罪嫌疑人享有的诉讼权利，如实供述自己罪行可以从宽处理和认罪认罚的法律规定，让其陈述有罪的情节或者无罪的辩解，然后向其提出问题。犯罪嫌疑人对侦查人员的提问，应当如实回答。但是对与本案无关的问题，有拒绝回答的权利。

第二百二十四条 讯问聋、哑的犯罪嫌疑人，应当有通晓聋、哑手势的人参加，并在讯问笔录中注明犯罪嫌疑人的聋、哑情况。

讯问不通晓当地通用的语言文字的犯罪嫌疑人，应当配备翻译人员。

翻译人员的姓名、工作单位和职业等基本情况应当记录在案。

第二百二十五条　侦查人员应当将问话和犯罪嫌疑人的供述或者辩解如实地记录清楚。制作讯问笔录应当使用能够长期保持字迹的材料。

第二百二十六条　讯问犯罪嫌疑人时，犯罪嫌疑人或者辩护律师提出下列情况的，应当予以核实：

（一）犯罪嫌疑人在犯罪后投案自首，如实供述自己罪行，或者被采取强制措施后如实供述国家安全机关尚未掌握的其本人其他罪行的；

（二）犯罪嫌疑人有揭发他人犯罪行为，或者提供线索，从而得以侦破其他案件等立功表现的。

第二百二十七条　讯问笔录应当交犯罪嫌疑人核对。犯罪嫌疑人没有阅读能力的，应当向其宣读。如果记录有遗漏或者差错，犯罪嫌疑人可以提出补充或者改正。笔录中修改的地方应当经犯罪嫌疑人阅看、捺指印。犯罪嫌疑人核对无误后，应当逐页签名、捺指印，并在末页写明"以上笔录我看过（或：向我宣读过），和我说的相符"，同时签名、注明日期并捺指印。

侦查人员、翻译人员应当在讯问笔录中签名。

第二百二十八条　犯罪嫌疑人请求自行书写供述

的，应当准许。必要时，侦查人员也可以要求犯罪嫌疑人书写亲笔供词。犯罪嫌疑人应当在亲笔供词的末页签名、注明书写日期，并捺指印。侦查人员收到后，应当在首页右上方写明"于某年某月某日收到"，并签名。

第二百二十九条 讯问犯罪嫌疑人，在文字记录的同时，可以对讯问过程进行录音或者录像；对于可能判处无期徒刑、死刑的案件或者其他重大犯罪案件，应当对讯问过程进行全程同步录音或者录像。录音或者录像应当全程同步不间断进行，保持完整性。不得选择性地录制，不得剪接、删改。

侦查人员应当告知犯罪嫌疑人将对讯问过程进行全程同步录音或者录像，告知情况应当在录音录像中予以反映，并在讯问笔录中注明。

对于人民检察院、人民法院根据需要调取讯问犯罪嫌疑人的录音或者录像的，国家安全机关应当及时提供。涉及国家秘密的，应当保密。

第二百三十条 对于犯罪嫌疑人供述的犯罪事实、无罪或者罪轻的事实、申辩和反证，以及犯罪嫌疑人提供的证明自己无罪、罪轻的证据，国家安全机关应当认真核实；对有关证据，无论是否采信，都应当如实记录、妥善保管，并连同核实情况附卷。

犯罪嫌疑人自愿认罪的，国家安全机关应当记录在案，随案移送。

第二百三十一条 重大案件侦查终结前，应当及时制作重大案件即将侦查终结通知书，通知人民检察院驻看守所检察人员对讯问合法性进行核查。经核实确有刑讯逼供等非法取证情形的，国家安全机关应当及时排除非法证据，不得作为提请批准逮捕、移送审查起诉的根据。

第三节　询问证人、被害人

第二百三十二条 询问证人，可以在现场进行，也可以到证人所在单位、住处或者证人提出的地点进行。必要时，可以书面、电话或者当场通知证人到国家安全机关提供证言。

在现场询问证人，侦查人员应当出示人民警察证或者侦察证。

到证人所在单位、住处或者证人提出的地点询问证人，应当经办案部门负责人批准，制作询问通知书。询问前，侦查人员应当出示询问通知书和人民警察证或者侦察证。

询问证人应当个别进行。

第二百三十三条　询问证人,应当由国家安全机关侦查人员进行。询问时,侦查人员不得少于二人。

第二百三十四条　询问证人,应当问明证人的基本情况、与犯罪嫌疑人的关系,告知证人必须如实提供证据、证言,以及有意作伪证或者隐匿罪证、泄露国家秘密应负的法律责任。问明和告知的情况,应当记录在案。

询问证人需要录音或者录像的,应当事先征得证人同意。

第二百三十五条　侦查人员不得向证人泄露案情或者表示对案件的看法,严禁采用拘禁、暴力、威胁、引诱、欺骗以及其他非法方法询问证人。

第二百三十六条　本规定第二百二十四条、第二百二十五条、第二百二十七条和第二百二十八条的规定,也适用于询问证人。

第二百三十七条　询问被害人,适用本节规定。

第四节　勘验、检查

第二百三十八条　侦查人员对与犯罪有关的场所、物品、文件、人身、尸体应当进行勘验或者检查,及时提取、采集与案件有关的痕迹、物证、生物样本、图像等。必要时，可以指派或者聘请具有专门知识的人，在侦查人员的主持下进行勘验、检查。

侦查人员执行勘验、检查，不得少于二人，并应持有有关证明文件。

第二百三十九条　勘验现场，应当拍摄现场照片、绘制现场图，制作笔录，由参加勘查的人和见证人签名。对重大案件的现场，应当录像。

第二百四十条　为了确定被害人、犯罪嫌疑人的某些特征、生理状态或者伤害情况，侦查人员可以对人身进行检查，依法提取、采集肖像、指纹等人体生物识别信息，采集血液、尿液等生物样本。必要时，可以指派、聘请法医或者医师进行人身检查。采集血液等生物样本应当由医师进行。被害人死亡的，应当通过被害人近亲属辨认、提取生物样本鉴定等方式确定被害人身份。

犯罪嫌疑人拒绝检查、提取、采集的，侦查人员认为必要的时候，经办案部门负责人批准，可以强制检查、提取、采集。

检查妇女的身体，应当由女工作人员或者医师进行。

人身检查不得采用损害被检查人生命、健康或者贬低其名誉或人格的方法。

检查的情况应当制作笔录，由参加检查的侦查人员、检查人员、被检查人员和见证人签名。

第二百四十一条 为了确定死因，经国家安全机关负责人批准，可以解剖尸体，并且通知死者家属到场，让其在解剖尸体通知书上签名。死者家属无正当理由拒不到场或者拒绝签名的，侦查人员应当注明。对身份不明的尸体，无法通知死者家属的，应当在笔录中注明。

对于已查明死因，没有继续保存必要的尸体，应当通知家属领回处理，对于无法通知或者通知后家属拒绝领回的，经国家安全机关负责人批准，可以及时处理。

第二百四十二条 国家安全机关进行勘验、检查后，人民检察院要求复验、复查的，国家安全机关应当进行复验、复查，并可以通知人民检察院派员参加。

第二百四十三条 为了查明案情，在必要的时候，经国家安全机关负责人批准，可以进行侦查实验。

侦查实验应当制作侦查实验笔录，由参加实验的人签名。必要时，应当对侦查实验过程进行录音录像。

进行侦查实验,禁止一切足以造成危险、侮辱人格或者有伤风化的行为。

第五节 搜 查

第二百四十四条 为了收集犯罪证据、查获犯罪人,经国家安全机关负责人批准,侦查人员可以对犯罪嫌疑人以及可能隐藏罪犯或者犯罪证据的人的身体、物品、住处、工作地点和其他有关的地方进行搜查。

第二百四十五条 进行搜查时,应当向被搜查人出示搜查证。执行搜查的人员不得少于二人。

搜查妇女的身体,应当由女工作人员进行。

第二百四十六条 执行拘留、逮捕的时候,遇有下列紧急情况之一的,不用搜查证也可以进行搜查:

（一）可能随身携带凶器的;

（二）可能隐藏爆炸、剧毒等危险物品的;

（三）可能隐匿、毁弃、转移犯罪证据的;

（四）可能隐匿其他犯罪嫌疑人的;

（五）其他突然发生的紧急情况。

搜查结束后,应当及时补办有关批准手续。

第二百四十七条 在搜查的时候,应当有被搜查人或者他的家属,邻居或者其他见证人在场。

国家安全机关可以要求有关单位和个人交出可以证明犯罪嫌疑人有罪或者无罪的物证、书证、视听资料等证据。遇到阻碍搜查的，侦查人员可以决定强制搜查，并记录在案。

第二百四十八条 搜查的情况应当制作笔录，由侦查人员和被搜查人或者他的家属，邻居或者其他见证人签名。

被搜查人拒绝签名，或者被搜查人在逃，其家属拒绝签名或者不在场的，侦查人员应当注明。

第六节 查封、扣押

第二百四十九条 在侦查中发现的可用以证明犯罪嫌疑人有罪或者无罪的各种财物、文件，应当查封、扣押；但与案件无关的财物、文件，不得查封、扣押。

持有人或者保管人拒绝交出应当查封、扣押的财物、文件的，国家安全机关可以强制查封、扣押。

第二百五十条 在侦查过程中需要查封、扣押财物、文件的，应当经国家安全机关负责人批准，制作查封、扣押决定书。执行查封、扣押的侦查人员不得少于二人。

在现场勘查、执行拘留、逮捕、搜查时，需要扣押财物、文件的，由现场负责人决定。执行扣押后，应当按前款规定及时补办有关批准手续。

第二百五十一条　查封、扣押的情况应当制作笔录，由侦查人员、持有人或者保管人、见证人签名。

对于查封、扣押的财物、文件，侦查人员应当会同在场的见证人、持有人或者保管人查点清楚，当场制作查封、扣押财物、文件清单一式三份，写明财物、文件的名称、编号、数量、特征及其来源等，由侦查人员、见证人、持有人或者保管人签名，一份交持有人或者保管人，一份附卷备查，一份交物证保管人员。

对于持有人、保管人无法确定或者不在现场的，侦查人员应当注明。

第二百五十二条　对作为犯罪证据但不便提取或者没有必要提取的财物、文件，经登记、拍照或者录音录像、估价后，可以交财物、文件持有人保管或者封存，并且开具登记保存清单一式两份，由侦查人员、持有人和见证人签名，一份交给财物、文件持有人，另一份连同照片或者录音录像资料附卷备查。财物、文件持有人应当妥善保管，不得转移、变卖、毁损。

第二百五十三条　对于应当查封土地、房屋等不动产和置于该不动产上不宜移动的设施、家具和其他相关财物，以及涉案的车辆、船舶、航空器和大型机器、设备等财物的，必要时可以扣押其权利证书，经拍照或者录像后原地封存，并在查封清单中注明相关财物的详细地址和相关特征，同时注明已经拍照或者录像及其权利证书已被扣押。

国家安全机关查封不动产和置于该不动产上不宜移动的设施、家具和其他相关财物，以及涉案的车辆、船舶、航空器和大型机械、设备等财物，应当在保证侦查活动正常进行的同时，尽量不影响有关当事人的正常生活和生产经营活动。必要时，可以将被查封的财物交持有人或者其近亲属保管，并书面告知保管人对被查封的财物应当妥善保管，不得擅自处置。

第二百五十四条 查封土地、房屋等涉案不动产，需要查询不动产权属情况的，应当制作协助查询财产通知书。

国家安全机关侦查人员到自然资源、房地产管理等有关部门办理查询时，应当出示人民警察证或者侦察证，提交协助查询财产通知书。自然资源、房地产管理等有关部门应当及时协助国家安全机关办理查询事项。国家安全机关查询并复制的有关书面材料，由权属登记机构或者权属档案管理机构加盖印章。因情况特殊，不能当场提供查询的，应当在五日以内提供查询结果。无法查询的，有关部门应当在五日以内书面告知国家安全机关。

第二百五十五条　查封、扣押外币、金银珠宝、文物、名贵字画以及其他不易辨别真伪的贵重物品，具备当场密封条件的，应当当场密封，由二名以上侦查人员在密封材料上签名并记明密封时间。不具备当场密封条件的，应当在笔录中记明，以拍照、录像等方法加以保全后进行封存。查封、扣押的贵重物品需要鉴定的，应当及时鉴定。

对于需要启封的财物和文件，应当由二名以上侦查人员共同办理。重新密封时，由二名以上侦查人员在密封材料上签名、记明时间。

第二百五十六条　对于不宜随案移送的物品，应当移送相关清单、照片或者其他证明文件。

第二百五十七条　对于因自身材质原因易损毁、灭失、腐烂、变质而不宜长期保存的食品、药品及其原材料等物品，长期不使用容易导致机械性能下降、价值贬损的车辆、船舶等物品，市场价格波动大的债券、股票、基金份额等财产和有效期即将届满的汇票、本票、支票等，权利人明确的，经其本人书面同意或者申请，并经设区的市级以上国家安全机关负责人批准，可以依法变卖、拍卖，所得款项存入本单位唯一合规账户；其中，对于冻结的债券、股票、基金份额等财产，有对应的银行账户的，应当将变现后的款项继续冻结在对应账户中。

善意第三人等案外人与涉案财物处理存在利害关系的，国家安全机关应当告知其相关诉讼权利。

第二百五十八条 对于违禁品，应当依照国家有关规定处理；对于需要作为证据使用的，应当在诉讼终结后处理。

第二百五十九条 需要扣押犯罪嫌疑人的邮件、电子邮件、电报的，应当经国家安全机关负责人批准，制作扣押邮件、电报通知书，通知邮电部门或者网络运营者将有关的邮件、电子邮件、电报检交扣押。

不需要继续扣押的，应当经国家安全机关负责人批准，制作解除扣押邮件、电报通知书，通知有关单位。

第二百六十条 对于查封、扣押的财物、文件、邮件、电子邮件、电报，经查明确实与案件无关的，应当在三日以内解除查封、扣押，退还原主或者原邮电部门、网络运营者；原主不明确的，应当采取公告方式告知原主认领。在通知原主或者公告后六个月以内，无人认领的，按照无主财物处理，登记后上缴国库。

第二百六十一条　有关犯罪事实查证属实后，对于有证据证明权属明确且无争议的被害人合法财产及其孳息，且返还不损害其他被害人或者利害关系人的利益，不影响案件正常办理的，应当在登记、拍照或者录音录像和估价后，报经国家安全机关负责人批准，开具发还清单返还，并在案卷材料中注明返还的理由，将原物照片、发还清单和被害人的领取手续存卷备查。

领取人应当是涉案财物的合法权利人或者其委托的人；委托他人领取的，应当出具委托书。侦查人员或者国家安全机关其他工作人员不得代为领取。

查找不到被害人，或者通知被害人后，无人领取的，应当将有关财产及其孳息随案移送。

第二百六十二条　对查封、扣押的财物及其孳息、文件，国家安全机关应当妥善保管，以供核查。任何单位和个人不得违规使用、调换、损毁、截留、坐支、私分或者擅自处理。

国家安全机关应当依照有关规定，严格管理涉案财物，及时办理涉案财物的移送、返还、变卖、拍卖、销毁、上缴国库等工作。

第七节　查询、冻结

第二百六十三条　国家安全机关根据侦查犯罪的需要，可以依照规定查询、冻结犯罪嫌疑人的存款、汇款、证券交易结算资金、期货保证金等资金，债券、股票、基金份额和其他证券，以及股权、保单权益和其他投资权益等财产，并可以要求有关单位和个人予以配合。

对于前款规定的财产，不得划转、转账或者以其他方式变相扣押。

第二百六十四条　查询、冻结犯罪嫌疑人的存款、汇款、证券交易结算资金、期货保证金等资金，债券、股票、基金份额和其他证券，以及股权、保单权益和其他投资权益等财产，应当经国家安全机关负责人批准，制作查询财产通知书或者冻结财产通知书，通知银行和其他单位执行。

第二百六十五条　涉案账户较多，属于同一省、自治区、直辖市内的不同地区，或者分属不同省、自治区、直辖市，国家安全机关需要对其集中查询、冻结的，可以按照有关规定，由办案地国家安全机关指派二名以上侦查人员持相关法律文书和人民警察证或者侦察证，通过有关银行和其他单位办理。

第二百六十六条 需要延长冻结期限的，应当按照原批准程序，在冻结期限届满前办理继续冻结手续。逾期不办理继续冻结手续的，视为自动解除冻结。

第二百六十七条 不需要继续冻结犯罪嫌疑人财产时，应当按照原批准程序，制作协助解除冻结财产通知书，通知银行和其他单位协助办理。

第二百六十八条 犯罪嫌疑人的财产已被冻结的，不得重复冻结，但可以轮候冻结。

第二百六十九条 冻结存款、汇款、证券交易结算资金、期货保证金等财产的期限为六个月。每次续冻期限最长不得超过六个月。对于重大、复杂案件，经设区的市级以上国家安全机关负责人批准，冻结存款、汇款、证券交易结算资金、期货保证金等财产的期限可以为一年。每次续冻期限最长不得超过一年。

冻结债券、股票、基金份额等证券的期限为二年。每次续冻期限最长不得超过二年。

冻结股权、保单权益或者投资权益的期限为六个月。每次续冻期限最长不得超过六个月。

第二百七十条　对于冻结的债券、股票、基金份额等财产，应当告知当事人或者其法定代理人、委托代理人有权申请出售。

权利人申请出售被冻结的债券、股票、基金份额等财产，不损害国家利益、被害人、其他权利人利益，不影响诉讼正常进行的，以及冻结的汇票、本票、支票的有效期即将届满的，经国家安全机关负责人批准，可以依法出售或者变现，所得价款应当继续冻结在其对应的银行账户中；没有对应的银行账户的，所得价款由国家安全机关在银行指定专门账户保管，并及时告知当事人或者其近亲属。

第二百七十一条　对冻结的财产，经查明确实与案件无关的，应当在三日以内通知银行和其他单位解除冻结，并通知被冻结财产的所有人。

第八节　鉴　　定

第二百七十二条　为了查明案情，解决案件中某些专门性问题，国家安全机关可以指派有鉴定资格的人进行鉴定，或者聘请具有合法资质的鉴定机构的鉴定人进行鉴定。

需要聘请鉴定人的，经国家安全机关负责人批准，制作鉴定聘请书。

第二百七十三条　国家安全机关应当为鉴定人进行鉴定提供必要的条件。

及时向鉴定人送交有关检材和对比样本等原始材料，介绍与鉴定有关的情况，并且明确提出要求鉴定解决的问题。

禁止暗示或者强迫鉴定人作出某种鉴定意见。

第二百七十四条　侦查人员应当做好检材的保管和送检工作，确保检材在流转环节的同一性和不被污染。

第二百七十五条　鉴定人应当按照鉴定规则，运用科学方法独立进行鉴定。鉴定后，应当出具鉴定意见，并在鉴定意见书上签名，由鉴定机构加盖鉴定机构司法鉴定专用章，同时附上鉴定机构和鉴定人的资质证明或者其他证明文件。

多人参加鉴定，鉴定人有不同意见的，应当注明。

鉴定人故意作虚假鉴定的，应当承担法律责任。

第二百七十六条　对于鉴定人出具的鉴定意见，国家安全机关应当进行审查。发现文字表达有瑕疵或者错别字，但不影响司法鉴定意见的，可以要求司法鉴定机构对鉴定意见进行补正。

对于经审查作为证据使用的鉴定意见，国家安全机关应当制作鉴定意见通知书，及时告知犯罪嫌疑人或者其法定代理人、被害人或者其家属。

第二百七十七条 犯罪嫌疑人、被害人对鉴定意见有异议提出申请，以及办案部门或者侦查人员对鉴定意见有疑义的，可以将鉴定意见送交其他有专门知识的人员提出意见。必要时，询问鉴定人并制作笔录附卷。

第二百七十八条 经审查，发现有下列情形之一的，经国家安全机关负责人批准，应当补充鉴定：

（一）鉴定内容有明显遗漏的；

（二）发现新的有鉴定意义的证物的；

（三）对鉴定证物有新的鉴定要求的；

（四）鉴定意见不完整，委托事项无法确定的；

（五）其他需要补充鉴定的情形。

经审查，不符合上述情形的，经国家安全机关负责人批准，作出不予补充鉴定的决定，并在作出决定后三日以内书面通知申请人。

第二百七十九条 经审查，发现有下列情形之一的，经国家安全机关负责人批准，应当重新鉴定：

（一）鉴定程序违法或者违反相关专业技术要求的；

（二）鉴定机构、鉴定人不具备鉴定资质和条件的；

（三）鉴定人故意作虚假鉴定或者违反回避规定的；

（四）鉴定意见依据明显不足的；

（五）检材虚假或者被损坏的；

（六）其他应当重新鉴定的情形。

重新鉴定，应当另行指派或者聘请鉴定人。

经审查，不符合上述情形的，经国家安全机关负责人批准，作出不予重新鉴定的决定，并在作出决定后三日以内书面通知申请人。

第二百八十条　公诉人、当事人或者辩护人、诉讼代理人对司法鉴定机构出具的鉴定意见有异议，经人民法院依法通知的，鉴定人应当出庭作证。

第二百八十一条　对犯罪嫌疑人作精神病鉴定的时间不计入办案期限，其他鉴定时间应当计入办案期限。

第九节　辨　　认

第二百八十二条　为了查明案情，在必要的时候，侦查人员可以让犯罪嫌疑人或者证人、被害人对与犯罪有关的物品、文件、尸体、场所或者犯罪嫌疑人进行辨认。

第二百八十三条　辨认应当在侦查人员的主持下进行，主持辨认的侦查人员不得少于二人。

第二百八十四条　几名辨认人对同一辨认对象进行辨认时，应当由每名辨认人个别进行。

第二百八十五条　辨认时，应当首先让辨认人说明被辨认对象的特征，并在辨认笔录中注明，必要时，可以有见证人在场。

辨认时，应当将辨认对象混杂在特征相类似的其他对象中，不得在辨认前向辨认人展示辨认对象及其影像资料，不得给辨认人任何暗示。

辨认犯罪嫌疑人时，被辨认的人数不得少于七人；对犯罪嫌疑人照片进行辨认的，不得少于十人的照片。

辨认物品时，混杂的同类物品不得少于五件；对物品的照片进行辨认的，不得少于十个物品的照片。

对场所、尸体等特定辨认对象进行辨认，或者辨认人能够准确描述物品独有特征的，或者物品已经损坏、变形的，陪衬物不受数量的限制。

第二百八十六条　对犯罪嫌疑人的辨认，辨认人不愿意公开进行的，可以在不暴露辨认人的情况下进行，并应当为其保守秘密。

第二百八十七条　对辨认经过和结果，应当制作辨认笔录,由侦查人员、辨认人、见证人签名。必要时,应当对辨认过程进行录音录像。

辨认笔录和被辨认对象的照片、录音、录像等资料,应当一并附卷。

第十节 技术侦查

第二百八十八条 国家安全机关在立案后,对于危害国家安全犯罪、恐怖活动犯罪等案件,依照刑事诉讼法需要采取技术侦查措施的,应当经设区的市级以上国家安全机关负责人批准,制作采取技术侦查措施决定书。情况紧急需要立即采取技术侦查措施的,经设区的市级以上国家安全机关负责人批准后,可以先行采取技术侦查措施,但应当在四十八小时以内补办采取技术侦查措施的审批手续。逾期未办理的,应当立即停止技术侦查措施,并仍应补办手续。

批准采取技术侦查措施的决定自签发之日起三个月内有效,对于不需要继续采取技术侦查措施的,应当及时解除。对于复杂、疑难案件,期限届满仍有必要继续采取技术侦查措施的,应当经设区的市级以上国家安全机关负责人批准,制作延长技术侦查措施期限决定书,批准延长期限,每次不得超过三个月。有效期限届满，负责技术侦查的部门应当立即解除技术侦查措施。

第二百八十九条 技术侦查措施包括记录监控、行踪监控、通信监控、场所监控等措施。

技术侦查措施的适用对象是犯罪嫌疑人、被告人以及与犯罪活动直接关联的人员。

第二百九十条 采取技术侦查措施，应当严格按照批准的措施种类、适用对象和期限执行。

在采取技术侦查措施期间，需要变更技术侦查措施种类或者适用对象的，应当重新办理批准手续。

第二百九十一条 侦查人员对采取技术侦查措施过程中知悉的国家秘密、工作秘密、商业秘密和个人隐私、个人信息，应当保密。

采用技术侦查措施获取的材料，应当严格依照有关规定存放，只能用于对犯罪的侦查、起诉和审判，不得用于其他用途。

采取技术侦查措施收集的与案件无关的材料，必须及时销毁，并制作销毁记录。

第二百九十二条 采取技术侦查措施收集的材料在刑事诉讼中可以作为证据使用。

采取技术侦查措施收集的材料作为证据使用的，

批准采取技术侦查措施的法律文书应当附卷。

第二百九十三条　国家安全机关依法采取技术侦查措施，有关单位和个人应当配合，并对有关情况予以保密。

第二百九十四条　为了查明案情，在必要的时候，经设区的市级以上国家安全机关负责人决定，可以由有关人员隐匿其身份实施侦查。但是，不得诱使他人犯罪，不得采用可能危害公共安全或者发生重大人身危险的方法。

第二百九十五条　对于涉及给付违禁品或者财物的犯罪活动，为查明参与该项犯罪的人员和犯罪事实，根据侦查需要，经设区的市级以上国家安全机关负责人决定，可以实施控制下交付。

第二百九十六条　实施隐匿身份侦查和控制下交付收集的材料在刑事诉讼中可以作为证据使用。

使用隐匿身份侦查和控制下交付收集的材料作为证据时，可能危及隐匿身份人员的人身安全，或者可能产生其他严重后果的，应当采取不暴露有关人员身份等保护措施。

第十一节 通　　缉

第二百九十七条　对于应当逮捕的犯罪嫌疑人在逃的，或者越狱逃跑的犯罪嫌疑人、被告人或者罪犯，国家安全机关可以发布通缉令，采取有效措施，追捕归案。

各级国家安全机关在自己管辖的地区以内，可以直接发布通缉令；超出自己管辖的地区，应当报请有权决定的上级国家安全机关发布。

通缉令的发送范围，由签发通缉令的国家安全机关负责人决定。

第二百九十八条　通缉令中应当尽可能写明被通缉人的姓名、别名、曾用名、绰号、性别、年龄、民族、籍贯、出生地、户籍所在地、居住地、职业、身份证号码、衣着和体貌特征、口音、行为习惯，并附被通缉人近期照片，可以附指纹及其他物证的照片。除了必须保密的事项以外，应当写明发案的时间、地点和简要案情。

第二百九十九条　通缉令发出后，如果发现新的重要情况可以补发通报。通报必须注明原通缉令的编号和日期。

第三百条 国家安全机关接到通缉令后，应当及时布置查缉。抓获犯罪嫌疑人后，经设区的市级以上国家安全机关负责人批准，凭通缉令或者相关法律文书羁押，并通知通缉令发布机关进行核实，办理交接手续。

第三百零一条 需要对犯罪嫌疑人在口岸采取边控措施的，应当按照有关规定办理边控手续。

第三百零二条 为发现重大犯罪线索，追缴涉案财物、证据，查获犯罪嫌疑人，必要时，经国家安全机关负责人批准，可以发布悬赏通告。

悬赏通告应当写明悬赏对象的基本情况和赏金的具体数额。

第三百零三条 通缉令、悬赏通告应当广泛张贴，并可以通过广播、电视、报刊、网络等方式发布。

第三百零四条 被通缉的犯罪嫌疑人已经自动投案、被抓获或者死亡，以及发现有其他不需要采取通缉、边控、悬赏通告的情形的，发布机关应当在原通缉、通知、通告范围内，撤销通缉令、边控通知、悬赏通告。

第十二节 侦查终结

第三百零五条 侦查终结的案件应当同时具备以

下条件：

（一）案件事实清楚；

（二）证据确实、充分；

（三）犯罪性质和罪名认定正确；

（四）法律手续完备；

（五）依法应当追究刑事责任。

第三百零六条　对侦查终结的案件，国家安全机关应当全面审查证明证据收集合法性的证据材料，依法排除非法证据。排除非法证据后，证据不足的，不得移送审查起诉。

国家安全机关发现侦查人员非法取证的，应当依法作出处理，并可另行指派侦查人员重新调查取证。

第三百零七条　侦查终结的案件，侦查人员应当制作结案报告。

结案报告应当包括以下内容：

（一）犯罪嫌疑人的基本情况；

（二）是否采取了强制措施及其理由；

（三）案件的事实和证据；

（四）法律依据和处理意见。

第三百零八条　侦查终结案件的处理，由设区的市级以上国家安全机关负责人批准；重大、复杂、疑难的案件应当报上一级国家安全机关负责人批准。

第三百零九条　侦查终结后，应当将全部案卷材料按照要求分别装订立卷。向人民检察院移送案卷时，有关材料涉及国家秘密、工作秘密、商业秘密、个人隐私的，应当保密。

第三百一十条　对于查封、扣押的犯罪嫌疑人的财物及其孳息、文件或者冻结的财产，作为证据使用的，应当随案移送，并制作随案移送清单一式两份，一份留存，一份交人民检察院。

对于实物不宜移送的，应当将其清单、照片或者其他证明文件随案移送。待人民法院作出生效判决后，按照人民法院送达的生效判决书、裁定书依法作出处理，并向人民法院送交回执。人民法院未作出处理的，应当征求人民法院意见，并根据人民法院的决定依法作出处理。

第三百一十一条　对侦查终结的案件，应当制作起诉意见书，经国家安全机关负责人批准后，连同全部案卷材料、证据，以及辩护律师提出的意见，一并移送同级人民检察院审查决定；同时将案件移送情况告知犯罪嫌疑人及其辩护律师。

犯罪嫌疑人自愿认罪的，应当记录在案，随案移送，并在起诉意见书中写明有关情况。

对于犯罪嫌疑人在押的，应当制作换押证并随案移送。

第三百一十二条 对于犯罪嫌疑人在境外，需要及时进行审判的严重危害国家安全犯罪、恐怖活动犯罪案件，应当在侦查终结后层报国家安全部批准，按照有关规定移送审查起诉。

在审查起诉或者缺席审理过程中，犯罪嫌疑人、被告人向国家安全机关自动投案或者被国家安全机关抓获的，国家安全机关应当立即通知人民检察院、人民法院。

第三百一十三条 共同犯罪案件的起诉意见书，应当写明每个犯罪嫌疑人在共同犯罪中的地位、作用、具体罪责和认罪态度，并分别提出处理意见。

第三百一十四条 被害人提出附带民事诉讼的，应当记录在案；移送审查起诉时，应当在起诉意见书末页注明。

对于达成当事人和解的公诉案件，经国家安全机关负责人批准，国家安全机关移送审查起诉时，可以提出从宽处理的建议。

第三百一十五条 人民检察院作出不起诉决定的，

如果被不起诉人在押，国家安全机关应当立即办理释放手续，发给释放证明书。犯罪嫌疑人被采取其他强制措施的，应当予以解除。对查封、扣押、冻结的财物，应当依法进行处理。

人民检察院提出对被不起诉人给予行政处罚、处分或者没收其违法所得的检察意见，移送国家安全机关处理的，国家安全机关应当将处理结果及时通知人民检察院。

第三百一十六条 国家安全机关认为人民检察院作出的不起诉决定有错误的，应当在收到不起诉决定书后七日以内，经国家安全机关负责人批准，制作要求复议意见书，移送人民检察院复议。

要求复议的意见不被接受的，可以在收到人民检察院的复议决定书后七日以内，经国家安全机关负责人批准，制作提请复核意见书，连同人民检察院的复议决定书，一并提请上一级人民检察院复核。

第十三节　补充侦查

第三百一十七条 侦查终结，移送人民检察院审查起诉的案件，人民检察院退回国家安全机关补充侦查的，国家安全机关接到人民检察院退回补充侦查的法律文书后，应当按照补充侦查提纲在一个月以内补充侦查完毕。

补充侦查以二次为限。

第三百一十八条 对人民检察院退回补充侦查的案件，国家安全机关应当根据不同情况，分别作出如下处理：

（一）原认定犯罪事实不清或者证据不够充分的，应当在查清事实、补充证据后，制作补充侦查报告书，移送人民检察院审查；对确实无法查明的事项或者无法补充的证据，应当书面向人民检察院说明情况；

（二）在补充侦查过程中，发现新的同案犯或者新的罪行，需要追究刑事责任的，应当重新制作起诉意见书或者制作补充起诉意见书，移送人民检察院审查；

（三）发现原认定的犯罪事实有重大变化，不应当追究刑事责任的，应当撤销案件或者对犯罪嫌疑人终止侦查，并将有关情况通知人民检察院；

（四）原认定犯罪事实清楚，证据确实、充分，人民检察院退回补充侦查不当的，应当说明理由，移送人民检察院审查。

第三百一十九条 对于人民检察院在审查起诉过程中以及在人民法院作出生效判决前，向国家安全机关调取有关证据材料,或者通知国家安全机关补充移送、通知国家安全机关对已移送的电子数据进行补正的,国家安全机关应当自收到有关法律文书后三日以内移送有关证据材料,或者补充有关材料。

第九章　执 行 刑 罚

第三百二十条　对于被人民法院依法判处刑罚的罪犯,如果罪犯已被采取强制措施的,国家安全机关应当依据人民法院生效的判决书、裁定书、执行通知书,将罪犯交付执行。

第三百二十一条　对于人民法院作出的无罪或者免除刑事处罚的判决,如果被告人在押的,国家安全机关在收到相应的法律文书后,应当立即办理释放手续;对人民法院建议给予行政处理的,应当依照有关法律和规定处理或者移送有关部门。

第三百二十二条　国家安全机关在收到人民法院生效的判处死刑缓期二年执行、无期徒刑、有期徒刑的判决书、裁定书、执行通知书后,应当在一个月以内将罪犯送交监狱执行刑罚。

未成年犯应当送交未成年犯管教所执行刑罚。

第三百二十三条　对于被判处死刑的罪犯，国家安全机关应当依据人民法院执行死刑的命令，将罪犯交由人民法院执行。

第三百二十四条　对于被判处有期徒刑的罪犯，在被交付执行刑罚前，剩余刑期在三个月以下的，由看守所根据人民法院的判决代为执行。

第三百二十五条　对于被判处管制、宣告缓刑、假释或者暂予监外执行的罪犯，已被羁押的，由看守所依法及时将其交付社区矫正机构执行。被执行取保候审、监视居住的，由国家安全机关依法按时将其移交社区矫正机构。

第三百二十六条　对于被判处有期徒刑由看守所代为执行的罪犯，执行期满，看守所应当发给释放证明书。

第三百二十七条　国家安全机关在执行刑罚中，如果认为判决有错误或者罪犯提出申诉，应当转请人民检察院或者原判人民法院处理。

第三百二十八条　对于依法留所服刑的罪犯，有下列情形之一的，可以暂予监外执行：

（一）有严重疾病需要保外就医的；

（二）怀孕或者正在哺乳自己婴儿的妇女；

（三）生活不能自理，适用暂予监外执行不致危害社会的。

第三百二十九条　看守所对留所服刑的罪犯符合暂予监外执行条件的，应当提出书面意见，报设区的市级以上国家安全机关批准，并将书面意见的副本抄送同级人民检察院。

对于适用保外就医可能有社会危险性的罪犯，或者自伤自残的罪犯，不得保外就医。

对于罪犯确有严重疾病，必须保外就医的，由省级人民政府指定的医院诊断并开具证明文件。

第三百三十条　国家安全机关应当自暂予监外执行的决定生效之日起五日内通知执行地社区矫正机构，并在十日内将暂予监外执行决定书送达执行地社区矫正机构，同时抄送同级人民检察院和执行地公安机关。

第三百三十一条　批准暂予监外执行的国家安全机关收到人民检察院认为暂予监外执行不当的意见后，应当立即对暂予监外执行的决定进行重新核查，并将有关情况回复人民检察院。

第三百三十二条　对于暂予监外执行的罪犯，有下列情形之一的，执行地国家安全机关或原批准暂予监外执行的国家安全机关应当及时作出收监执行决定：

（一）发现不符合暂予监外执行条件的；

（二）严重违反有关暂予监外执行监督管理规定的；

（三）暂予监外执行的情形消失后，罪犯刑期未满的。

对于暂予监外执行的罪犯决定收监执行的，由罪犯执行地看守所将罪犯收监执行。

第三百三十三条　对于不符合暂予监外执行条件的罪犯通过贿赂等非法手段被暂予监外执行的，或者罪犯在暂予监外执行期间脱逃的，罪犯被收监执行后，所在看守所应当提出不计入执行刑期的建议，经设区的市级以上国家安全机关审查同意后，报请所在地中级以上人民法院审核裁定。

第三百三十四条　看守所对留所服刑的罪犯符合减刑、假释条件的，经设区的市级以上国家安全机关批准，制作减刑、假释建议书，报请中级以上人民法院审核裁定，并将建议书副本抄送人民检察院。

第三百三十五条　对于留所服刑的罪犯，在暂予监外执行期间又犯新罪，属于国家安全机关管辖的，由犯罪地国家安全机关立案侦查，并通知批准机关。批准机关作出收监执行决定后，应当根据侦查、审判需要，由犯罪地看守所或者暂予监外执行地看守所收监执行。

第三百三十六条 被剥夺政治权利、管制、宣告缓刑和假释的罪犯在执行期间又犯新罪，属于国家安全机关管辖的，由犯罪地国家安全机关立案侦查。

对于留所服刑的罪犯，因犯新罪被撤销假释的，应当根据侦查、审判需要，由犯罪地看守所或者原执行地看守所收监执行。

第三百三十七条 对审判时尚未追缴到案或者尚未足额退赔的违法所得，人民法院判决继续追缴或者责令退赔的，国家安全机关应当配合人民法院执行。

第十章 特别程序

第一节 未成年人刑事案件诉讼程序

第三百三十八条 国家安全机关办理未成年人刑事案件，实行教育、感化、挽救的方针，坚持教育为主、惩罚为辅的原则，保障未成年人行使其诉讼权利并得到法律帮助，依法保护未成年人的名誉和隐私，尊重其人格尊严。

未成年人刑事案件应当由熟悉未成年人身心特点，

善于做未成年人思想教育工作，具有一定办案经验的人员办理。

第三百三十九条 未成年犯罪嫌疑人没有委托辩护人的，国家安全机关应当通知法律援助机构指派律师为其提供辩护。

第三百四十条 国家安全机关办理未成年人刑事案件时，应当重点查清未成年犯罪嫌疑人实施犯罪行为时是否已满十二周岁、十四周岁、十六周岁、十八周岁的临界年龄。

第三百四十一条 国家安全机关办理未成年人刑事案件，根据情况可以对未成年犯罪嫌疑人的成长经历、犯罪原因、监护教育等情况进行调查并制作调查报告。

作出调查报告的，在提请批准逮捕、移送审查起诉时，应当结合案情综合考虑，并将调查报告与案卷材料一并移送人民检察院。

第三百四十二条 讯问未成年犯罪嫌疑人，应当通知未成年犯罪嫌疑人的法定代理人到场。无法通知、法定代理人不能到场或者法定代理人是共犯的，也可以通知未成年犯罪嫌疑人的其他成年亲属，所在学校、单位、居住地或者办案单位所在地基层组织或者未成年人保护组织的代表到场,并将有关情况记录在案。到场的法定代理人可以代为行使未成年犯罪嫌疑人的诉讼权利。

到场的法定代理人或者其他人员提出侦查人员在讯问中侵犯未成年人合法权益的,国家安全机关应当认真核查,依法处理。

第三百四十三条 讯问未成年犯罪嫌疑人应当采取适合未成年人的方式,耐心细致地听取其供述或者辩解,认真审核、查证与案件有关的证据和线索,并针对其思想顾虑、恐惧心理、抵触情绪进行疏导和教育。

讯问女性未成年犯罪嫌疑人,应当有女工作人员在场。

第三百四十四条 讯问笔录应当交未成年犯罪嫌疑人、到场的法定代理人或者其他人员阅读或者向其宣读;对笔录内容有异议的,应当核实清楚,准予更正或者补充。

第三百四十五条 询问未成年被害人、证人,适用本规定第三百四十二条、第三百四十三条和第三百四十四条的规定。

询问未成年被害人、证人,应当以适当的方式进行，注意保护其隐私和名誉，尽可能减少询问频次，避免造成二次伤害。必要时，可以聘请熟悉未成年人身心特点的专业人员协助。

第三百四十六条 对未成年犯罪嫌疑人应当严格限制和尽量减少使用逮捕措施。

未成年犯罪嫌疑人被拘留、逮捕后服从管理、依法变更强制措施不致发生社会危险性，能够保证诉讼正常进行的，国家安全机关应当依法及时变更强制措施；人民检察院批准逮捕的案件，国家安全机关应当将变更强制措施情况及时通知人民检察院。

第三百四十七条 对被羁押的未成年人应当与成年人分别关押、分别管理、分别教育，并根据其生理和心理特点在生活和学习方面给予照顾。

第三百四十八条 符合刑事诉讼法规定条件的未成年人附条件不起诉刑事案件，人民检察院在对未成年人作出附条件不起诉的决定前，听取国家安全机关意见时，国家安全机关应当提出书面意见，经国家安全机关负责人批准，移送同级人民检察院。

第三百四十九条 认为人民检察院作出的附条件不起诉决定有错误的，应当在收到不起诉决定书后七日以内制作要求复议意见书，经国家安全机关负责人批准，移送同级人民检察院复议。

要求复议的意见不被接受的，可以在收到人民检察院的复议决定书后七日以内制作提请复核意见书，经国家安全机关负责人批准后，连同人民检察院的复议决定书，一并提请上一级人民检察院复核。

第三百五十条　未成年人犯罪的时候不满十八周岁，被判处五年有期徒刑以下刑罚的，国家安全机关应当依据人民法院已经生效的判决书，将该未成年人的犯罪记录予以封存。

犯罪记录被封存的，除司法机关为办案需要或者有关单位根据国家规定进行查询外，国家安全机关不得向其他任何单位和个人提供。

被封存犯罪记录的未成年人，如果发现漏罪，合并被判处五年有期徒刑以上刑罚的，应当对其犯罪记录解除封存。

第三百五十一条　办理未成年人刑事案件，除本节已有规定的以外，按照本规定的其他规定进行。

第二节　犯罪嫌疑人逃匿、死亡案件违法所得的没收程序

第三百五十二条　对于重大的危害国家安全案件，

犯罪嫌疑人逃匿、在通缉一年后不能到案或者死亡，依照法律和有关规定应当追缴其违法所得及其他涉案财产的，经国家安全机关负责人批准，制作没收违法所得意见书，连同案卷材料、证据一并移送同级人民检察院审查决定。

犯罪嫌疑人死亡，现有证据证明存在违法所得及其他涉案财产应当予以没收的，国家安全机关可以进行调查。国家安全机关进行调查，可以依法进行查封、扣押、查询、冻结。

第三百五十三条　犯罪嫌疑人为逃避侦查和刑事追究潜逃、隐匿，或者在刑事诉讼过程中脱逃的，应当认定为"逃匿"。

犯罪嫌疑人因意外事故下落不明满二年，或者因意外事故下落不明，经有关机关证明其不可能生存的，按照前款规定处理。

第三百五十四条　犯罪嫌疑人通过实施犯罪直接或者间接产生、获得的任何财产，应当认定为"违法所得"。

违法所得已经部分或者全部转变、转化为其他财产的，转变、转化后的财产应当视为前款规定的"违法所得"。

来自违法所得转变、转化后的财产收益，或者来自已经与违法所得相混合财产中违法所得相应部分的收益，也应当视为第一款规定的"违法所得"。

第三百五十五条　犯罪嫌疑人非法持有的违禁品、供犯罪所用的本人财物，属于"其他涉案财产"。

第三百五十六条　没收违法所得意见书应当包括以下内容：

（一）犯罪嫌疑人的基本情况；

（二）犯罪事实和相关的证据材料；

（三）犯罪嫌疑人逃匿、被通缉或者死亡的情况；

（四）犯罪嫌疑人的违法所得及其他涉案财产的种类、数量、所在地；

（五）查封、扣押、冻结的情况等。

第三百五十七条　国家安全机关将没收违法所得意见书移送人民检察院后，在逃的犯罪嫌疑人自动投案或者被抓获的，国家安全机关应当及时通知同级人民检察院。

第十一章　附　　则

第三百五十八条　根据《中华人民共和国反恐怖

主义法》《中华人民共和国引渡法》《中华人民共和国国际刑事司法协助法》等法律，中华人民共和国缔结或者参加的国际条约和国家安全部签订的双边、多边合作协议，或者按照互惠原则，国家安全机关可以依法开展刑事司法协助和国际合作。

第三百五十九条 国家安全机关和军队互涉案件的管辖分工，按照有关规定执行。

第三百六十条 本规定2024年7月1日起施行。

图书在版编目（CIP）数据

中华人民共和国国家安全法　中华人民共和国反间谍法　中华人民共和国国家情报法　中华人民共和国保守国家秘密法　中华人民共和国保守国家秘密法实施条例　国家安全机关行政执法程序规定　国家安全机关办理刑事案件程序规定：大字本／中国法制出版社编. -- 北京：中国法制出版社, 2024. 8. -- ISBN 978-7-5216-4656-6

Ⅰ. D922.14；D924.31

中国国家版本馆 CIP 数据核字第 2024AU8135 号

中华人民共和国国家安全法　中华人民共和国反间谍法　中华人民共和国国家情报法　中华人民共和国保守国家秘密法　中华人民共和国保守国家秘密法实施条例　国家安全机关行政执法程序规定　国家安全机关办理刑事案件程序规定：大字本
ZHONGHUA RENMIN GONGHEGUO GUOJIA ANQUANFA　ZHONGHUA RENMIN GONGHEGUO FANJIANDIEFA　ZHONGHUA RENMIN GONGHEGUO GUOJIA QINGBAOFA　ZHONGHUA RENMIN GONGHEGUO BAOSHOU GUOJIA MIMIFA　ZHONGHUA RENMIN GONGHEGUO BAOSHOU GUOJIA MIMIFA SHISHI TIAOLI　GUOJIA ANQUAN JIGUAN XINGZHENG ZHIFA CHENGXU GUIDING　GUOJIA ANQUAN JIGUAN BANLI XINGSHI ANJIAN CHENGXU GUIDING：DAZIBEN

经销／新华书店
印刷／三河市紫恒印装有限公司
开本／880 毫米×1230 毫米　32 开　　　　　　　印张／9　字数／120 千
版次／2024 年 8 月第 1 版　　　　　　　　　　　2024 年 8 月第 1 次印刷

中国法制出版社出版
书号 ISBN 978-7-5216-4656-6　　　　　　　　　　定价：28.00 元

北京市西城区西便门西里甲 16 号西便门办公区
邮政编码：100053　　　　　　　　　　传真：010-63141600
网址：http://www.zgfzs.com　　　　　编辑部电话：010-63141801
市场营销部电话：010-63141612　　　印务部电话：010-63141606

（如有印装质量问题，请与本社印务部联系。）